分断されないフェミニズム

ほどほどに、誰かとつながり、生き延びる

荒木菜穂
Naho Araki

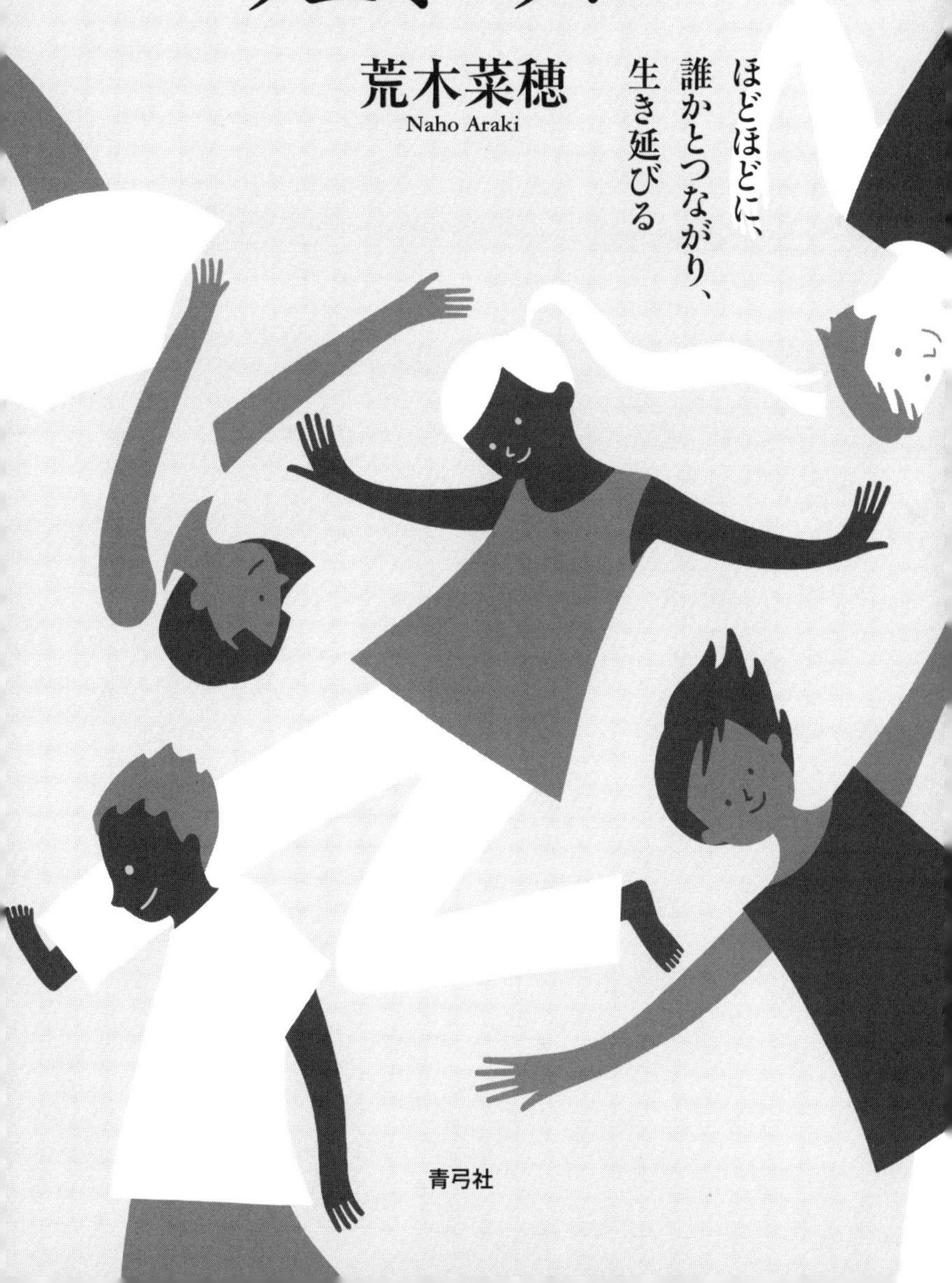

青弓社

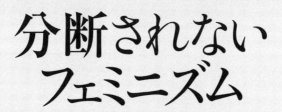

分断されないフェミニズム

ほどほどに、誰かとつながり、生き延びる

目次

装画——市川リョウコ「weightlessness」
装丁——神田昇和

はじめに——オンナの呪いを解く

本書の大きなテーマは、フェミニズムの視点から女同士の関係性を再考すること、である。女の敵は女、女同士は根本のところで仲良くなれない、分断される、としばしばいわれる。筆者はそれは、「女性にかけられた呪い」の一つだと思っている。

現代社会では、なぜか○○という属性が理由で、こうなるのが普通、こうしないと幸せになれない、世の中こういうもの、と「呪い」をかけられたさまざまな事象が存在する。本書では、ジェンダーやフェミニズムの話題を扱うが、フェミニズムやそれに関連する思想や活動は、女性だから／男性だから、こうでなければならないという規範や固定的な性役割に異を唱え、なぜそうなっているかという原因を読み解く知を生み出し、つないできた。規範や固定的性役割は問題があり、改めていくべきだ、というのはもちろんそのとおりである。そして、それを生み出す仕組みから変革していくことが重要であることに異論はない。しかしながら、日常的にできることとしては、そうした社会の仕組みや変革ほど大げさでなくとも、私たちがとらわれている呪いを知り、それを解くための言葉を探す、というイメージのほうが妙にしっくりくる。

さて、女として生きるうえでの呪いとはどのようなものかを個人的に思い返すと、女は外見がよくなければばかにされても仕方ない、恋愛や結婚をしない生き方は選択肢の一つではなく女としての価値が低いゆえの結果だ、女は性的に消費されたり貶められたりする存在だ、男の性の文化がそういう価値観を伴うものであるのは本能であり仕方ない、など、理不尽をまるで運命のように思わせる呪いが次々と出てくる。ただ、筆者自身はわりといいタイミングでフェミニズムに出合い、これらの呪いにとらわれないための言葉をたくさん得てこれた。

女同士はいがみあう、とはもちろん一種の偏見である。それは、女性はヒステリック、自己中心的、社会関係を築く能力に欠けている、というような女性をさげすむ視線とつながっている。しかし同時に、実際に女性同士をつながりにくくする社会の仕組みがある。女性同士「だから」みんな仲良くなれるはず、仲良くなれれば簡単に幸せになれる、と思っているわけではない。もちろん現実には女性同士の良好な友人関係、職場の関係が成立している事例はいくらでもあるだろう。しかし、女性の生き方を不自由にする呪いは、女性同士が尊重しあってつながることをも難しくする。

本書ではなぜ、女同士の分断に「あえて」注目するのか。まず、人をカテゴリー化し、規範で縛り、価値づけする社会では、個人個人がバラバラな状態は、声を上げることさえままならない状況を生み出すからだ。それは、男性／女性というカテゴリーで人々をくくり、それに基づいて形作られる社会の仕組みゆえに生じるものであり、この問題を考える先にはそういった仕組みを明らかにして解体していく必要がある。より多様な立場の女性がともに生き、差別に声を上げるべき状況が生まれたとき、分断の呪いは大きな障壁になる。それは、女性たちが理不尽な状況に置かれていることに対し、ともに異議申し立てをする力を封じ込める呪いである。

フェミニズムとは、性差別に抗い、ジェンダー平等を目指す思想であり運動である。フェミニズムは、女性として生きるうえで感じるこの不満についてそれぞれが共感しともに声を上げられない現象が発生する仕組みがあることを暴き、批判を続けてきた。いわば、女性として生きる者同士がつながれない状況を生み出す呪いを解こうと頑張ってきた思想であり運動であるともいえる。その際に重要になるのが、シスターフッドという考え方だ。

「分割して統治せよ」という言葉があるように、性別に限らず、人がカテゴリー化され、差別や抑圧、もしくは利用される際、その人々がなるべくつながらないようにすることで、権力の仕組みは維持される。本来ならば、社会の仕組みのせいで理不尽な思いをしている人々が、あたかも「自分の取り分を奪う誰か」のせいでそうなっていると思い込まされる。高齢者に悪者のレッテルを貼る有名人の発言が相次いだり、女性が優遇されるせいで自分が不当な扱いを受けているという男性の思いがミソジニーやフェミサイド（女性を対象にする殺人）を生んだり、子育て中の人々、障害や病気をもつ人々の当たり前の要求を傲慢だとみなす声がネットにあふれたりする状況の背景にも、そういった構造が見え隠れする。

理不尽だと思っているのは自分だけではないから社会が悪いんだ、では従わないでおこう、一緒に反発しよう、となっては権力構造による支配は困難になる。だからこそ、権力に抗うフェミニズムは女性同士の連帯、シスターフッドを大切にしてきた。しかしその一方で、フェミニスト同士は仲が悪いともしばしば評される。事実、ジェンダー平等を目指すという目的そのものはおおむね違わなくても、フェミニズムそのもののなかには多様な立場や考え方がある。ときには、女性の連帯どころか対立が生じることさえある。さらに、女性の間にも立場の違いや抑圧／被抑圧の関係性が存在することもある。そのため、連帯に幻想を抱けるのは、自身が誰からも抑圧を感じず誰かを抑圧していることもないと信じる恵まれた女性だけだということもできる。すなわち、分断につながる女性の呪いを解くはずだったフェミニズム自体が、そのあり方によっては分断を生み出す呪いになることもありうる。

他方で、フェミニズムとは、女性同士ならわかりあえる、つながれるはず、という思い込みから自由になろうと奮闘してきた営みでもある。すなわち、女同士のジレンマや対立の経験を経て、フェミニズムの現場ではしばしば、立場が違う女性だからこそ相手を理解し、違いを調整するという姿勢を大切にしてきている。女性の間には、差別や権力構造を伴う深刻なものから、考え方の違い、生き方や社会的な立場の違いなど、多様な差異が存在する。差異は人間関係で、さまざまな問題を生じさせる。差別や格差など個人の尊厳を脅かす深刻な問題もあれば、ともに活動する他者との一見小さな差異が何らかの違和感や不快感につながる問題という場合もある。当然のことながら、後者よりも前者が、より向き合うべき差異とはされるが、しかし、それらを単純に序列化することも望ましくない。フェミニズムの活動の現場では後者の問題は無数に生じ、そのつど解決に向けた模索にもまた、政治的な意味がある。そのような模索や方法論が普遍的な意味をもつとは考えないが、そのうえで、ともに活動する身近な他者との差異の調整と、より大きな構造のなかで差異を考える営みとの地続きの部分を、シスターフッドの不可能性と向き合ってきたフェミニズムの現場の営みとして本書では着目したい。

それらは連帯の困難や分断につながる呪いを解くための特効薬になることは決してないが、少なくとも、それを目指した過程のなかに呪いを解くためのカギの欠片になるものがあるはずだ。本書ではそれを探っていきたい。そして願わくば、多様な個人が、権力構造という敵を見誤ることなくそれらに抵抗していく未来につながるささやかな何かを見いだせればとも思っている。

第1章　女は連帯できないのか――フェミニズムとシスターフッド

本書の一つの問題関心は、どうすれば「女性にかけられた呪いを解く」ことが可能なのか、ということである。少し前から、「呪いの言葉」という表現をよく目にするようになった。上西充子によると、「呪いの言葉」とは、「相手の思考の枠組みを縛り、相手を心理的な葛藤の中に押し込め、問題のある状況に閉じ込めておくために、悪意を持って発せられる言葉[1]」だという。実際に発せられた言葉ではなくても、こうなるはずだ、こうであるべきだ、という呪いがさまざまな人々の自分らしい生き方を縛る。

女性が出合う「呪い」の言葉や表現のなかには、いわゆるジェンダーに基づくものがしばしばみられる。「雇用主と従業員」としての男女の契約結婚を扱ったドラマ『逃げるは恥だが役に立つ』

（TBS系、二〇一六年十月十一日―十二月二十日。「呪い」に関するセリフは最終話）では、年齢が上であることを理由にある女性を侮辱する若い女性に対し、侮辱された女性が、若いことだけに価値を置くことそのものが女性を縛る呪いになっていることを冷静に伝える印象的な場面がある。こうした年齢での価値づけだけでなく、例えば、女は容姿がよくないと幸せになれない、仕事をもっていても家事・育児は女性がして当然、性犯罪にあうのは被害者にすきがあったから、など、思いつくだけでも数々の呪いが女性を縛る。性、身体、労働など、さまざまな場に散らばる呪いは、その多くが、女性がそれらの場で出合う理不尽な経験の原因を透明化し、それらの経験を「そういうもの」とデフォルトにする仕組みをもっている。ちなみに筆者が女性として出合った「呪い」のなかで特に不快なものとしては、まず、性に関することとして、「男はオオカミ」という言葉のように、女性は男性から性的な行為をされても仕方ない、と男性の性欲や支配欲を本能と決めつけてその加害性に蓋をする類いのものがある。これは男性に対しても、理性で性欲を抑えられない存在だとレッテルを貼る意味で失礼である。前述の被害者のすきを責める言葉も、セクハラ（セクシュアルハラスメント）を我慢したり受け流したりすることをよしとする一部の文化も、この呪いと地続きである。また、「女は仕事をもっていても家事はできたほうがいい」という言葉も、ある種の呪いである。もちろん、さまざまな家事スキルは生きるすべとしてもっていないよりはもっているほうがいいだろう。しかしながら、それは男性にも当てはまることだ。最近はあからさまだと女性差別といわれるからか、「女らしさ」を押し付けているわけではないというニュアンスで語られるところが、なんとも厄介である。後述するように、これらは「女子力」という言葉にも通じる。家事・育児能力だけでなく、愛嬌、かわいげ、気遣いなどが、男性よりも女性により強く求められるという状況もまた、こういった呪いの亜種である。裏返せば、男性がそういった点で優れていてもあまり評価されないという意味で、男性を縛る呪いであるともいえる。「女は男を立てるべき」という表現があるが、これもまた男性はプライドが高く、自らを省みることが苦手な生き物だと決めつけているようなもので、男性のあり方をせばめている。

1　呪いを解く知としてのフェミニズム

フェミニズムが解く呪い

最近ドラマ化もされたコミックに『今夜すきやきだよ』（谷口菜津子、新潮社、二〇二一年）がある。女性二人が共同生活を送り、働くことや生きること、ジェンダーに関してなどともにさまざまな気づきを得ていくという作品だが、共同生活をする部屋に、主人公の女性のうち一人が男性の友人を連れてきたことで衝突が起こる。もう一人の主人公は、男女が友情だけでつながるなどありえない、と安易に男性を家に入れる行動を諌めるが、連れてきたほうの女性はそれに対し、それはひどい偏見であり、「私「普通」とか「そういうもん」って言葉大っ嫌い！」と応える。この、「そういうもん」という言葉については、筆者自身もまた、常に違和感を覚えてきた。「そういうもん」は、生き方をせばめる「呪い」の一つであり、なんとかしてそれらにはなるべく従わず生きていきたいと思っていた。「喧嘩両成敗」「一かゼロ」「運命で決まっているんだ」。そういった言葉の数々すべてに、社会的視点の欠如や思考停止につながる嫌悪感があり、それぞれに、そうさせてたまるか、という思いをもっていた。

さて、こうした、最初から答えが決まっている物語、議論することを避ける社会がもつ閉塞感を突き破ってくれたのが、筆者にとってのフェミニズムだった。女であることや女としての自分のさまざまな価値を思い知らされること、「呪い」に辟易していたなか、おかしい、という気持ちを語る言葉や道筋を示してくれたのがフェミニズムだった。フェミニズムは、「男女の友情は成立しない」といわれているのは、男女の性役割を前提としたロマンチック・ラブ・イデオロギーのせい、男女がジェンダーにとらわれ人間として向き合ってこなかったせい、と言語化して「そういうもん」を打ち壊してくれる。

「男の人の性的欲望は避けられない」、だから女性は気をつけないといけない、という呪いに対しても、フェミニズムは、「セクハラ」や「性被害・加害」「性の二重基準」という言葉でもってその絶対性を突き崩してくれた。女性や女性の身体が性的な視線でジャッジされるのは当たり前ではなく、女性は自らの価値を尊重される権利や自己決定する権利をもっていて、それを侵害する行為こそが問題である。性的侮辱や性的接触はコミュニケーションの一種ではなく加害なのだ。これらの主張は、問われるべきはまず加害者だということを明確化した。加害者を透明化し背景化することは許されないということを確認する作業でもあった。

さらにフェミニズムでは、男性は性的に奔放でも許され、女性が同じように生きるとふしだらだとされる規範は、女性を産む性だけに縛り付け、そこから外れた性的欲望をもつ女性、男性の快楽の性の相手になる女性を差別する「性の二重基準」の仕組みのもとにあるとされる。この「性の二重基準」は女を生む性と快楽の性とに分断するものでもあるが、それらは本質的な性差や本能ではなく、変えることが可能な社会の仕組みだということをフェミニズムが暴いたということである。そして、「性の二重基準」からさらに、親密な関係にあっても女性の人権である身体や性の権利が侵されてはならないということ、また性的欲望に基づく行動であれ性的労働であれ、女性が自身の性に関するどのような選択をしてもそれによって差別されてはならないし、それを理由に女性が女性を差別することもまた許されない、ということが明らかになった。このような、フェミニズムを通じて呪いが解かれ続ける知的経験には胸がすくような思いがした。

「女は仕事をもっていても家事はできたほうがいい」という呪いに対しても、フェミニズムは、「固定的性別役割分業」や「家父長制」という言葉で、なぜそういった呪いが生まれるのかを解き明かし、その仕組みを暴いてくれた。ちなみに筆者がしっかりとフェミニズムと向き合うきっかけになったのは、学生時代に受講したフェミニスト経済学者の竹中恵美子の授業やそこから広がるこういった女性労働への視点を得たことだった。

フェミニズムをきっかけに知ったこのジェンダーと労働に関する文脈から得た「呪い」を解くカギは多い。どうせ男女は異なった存在だという考え、「そういうもん」の一つである女性は育児に向いているという意味での「母性」についても、ＩＬＯ（国際労働機関）の条約には「家族的責任を有する男女労働者の機会および待遇の均等に関する条約」というものがあり、そこでは、親であるからには男女問わず育児や家族への責任をもつ、だから子どもをもつ労働者には長時間労働を課してはいけない、と示されている。「母性」は、男性が稼ぎ女性が家事・育児という分業体制が定着した近代の幻想である。また、女性の身体的特徴という意味の「母性」に関しても、国際連合の女子差別撤廃条約では、女性だけでなく「両性の保護」を提示している。「両性の保護」とは、妊娠・出産とそれに関連する身体的特徴をもつ女性だけを保護の対象にするのではなく、男女を問わず身体に害を及ぼすような過酷な労働を強いてはならない、ということを意味する。確かに生物学的女性と男性の身体には異なる傾向があるが、とりわけ日本の労働の現場は、男性の身体はいくら長時間労働させてもかまわないという前提で成り立っている。深夜労働の禁止やさまざまな規制など、女性労働者だけへの保護は男女雇用機会均等法制定と置き換えられるように撤廃されていったが、出産に関する保護だけは残された。これらのことは、日本の企業や労働のあり方が、女性の身体の保護とは結局は出産する行為や機能の保護を意味し、男性の身体の保護とは、女性が家庭でメンテナンスしてくれることを前提に必要ないものとされる固定的性役割と性差別のもとに存在していることを意味する。それに対し、「両性の保護」とはその仕組み自体の問題性を示す概念だったといえる。

性別に基づく理不尽さを訴えると、「男女の違いは区別であって差別ではない」という、これまた男女を特定の生き方に縛る呪いの言葉が返されたりするが、性差そのものの定義をめぐる議論を経なくても、「両性の家族的責任」「両性の保護」という言葉は、社会的に都合よく作られた区別がこの世にいかにあふれかえっているかを伝えてくれる、私にとっての呪いを解く言葉だった。

「女の敵は女」という呪いがもつ意味

「そういうもん」の呪いの一つに、女性同士は仲良くなれない、「女の敵は女」というものがあることを冒頭で述べた。手元に、二〇一三年一月十五日付「毎日新聞」大阪版のコラム「発信箱」の切り抜きがある。タイトルは「「女の戦い」にモヤモヤ」(執筆者名は小国綾子)。政界での女性議員同士の対立構造をあおるメディアに対し、「世の中は「女の戦い」が好きだ」「またか」と疑問を呈し、「専業主婦vs働く女」「バリキャリvsゆるキャリ派」など「女性の間にあえて対立軸を作っては、あおり、面白がっている」という様相を批判する。この記事から十年以上がたち、メディア作品などでは女性同士の良好な関係やそれらの描写も増加傾向にあるという心強さとともに、やはり女性同士が対立させられるような構造は存在しつづけている、と実感する。育児休業を取得した既婚女性と独身女性の対立、婚外恋愛をおこなった男性の妻(いわゆる「サレ妻」)と恋愛相手の女性の対立など、本来は登場人物ごとの怒りや悲しみにそれぞれ背景があり、それに向き合わないことには解決しない事柄でさえ、安易な敵としての女性に怒りの矛先が向くケースはしばしばみられる。「女の敵は女」の呪いは社会構造的なものであり、とりわけ多様な個人が、ともにとはいわなくても、同時に、差別や偏見で苦しまずに生きられる社会を考える必要性が高まっている現在、ぜひとも解いていきたい呪いである。次節では、女を対立させ分断させる呪いについて、またそれに向き合ってきたフェミニズムの活動について述べる。

2　フェミニズムが見据えてきた「女同士」

近年、女性同士の良好なつながりを描いた作品が話題になるとともに、それらのつながりを示す「シスターフッド」という言葉が、女性が多く活躍する際の生産的で意義があるものとしてさまざまな場面で語られる。[2]それらのコンテンツすべてがそうであるわけではないが、女性同士の連帯のあり方やその際の工夫や振る舞いなどは、気遣いや場を和ませる対応などいわゆる職場で生かされるとされる「女子力」のように、生産性を上げるため、もしくは商品やコンテンツのウリにするための女性の特性という意味合いをもたされることもある。

しかし、シスターフッドという言葉には、二つの理由で注意深く向き合う必要がある。第一に、そもそもシスターフッドとはフェミニズムが育ててきた考え方である。社会には、女性同士が良好な関係性を築きにくいという、前述のような女性の分断の「呪い」があり、それへの抵抗として位置づけられてきたのがシスターフッドである。そのため、女性たちにそういった作用をもたらす社会構造、すなわちジェンダー権力構造への視点を抜きにはシスターフッドは語れない。第二に、シスターフッドが多様な女性同士の絆や連帯を意味するとしても、多様性とは単純なものではないということである。社会的地位や経済力などに恵まれた女性と貧困女性、白人の女性と有色人種の女性、性的マイノリティ女性と異性愛者の女性やシス女性、既婚女性と独身女性、さまざまな立場の女性が存在する。女性の生き方を規定する権力構造に抵抗する姿勢を共有していたとしても、立場や生き方が異なれば考え方や方法論が異なり、対立する可能性もある。加えて、女性間にも権力関係や差別の構造は存在する。無邪気に連帯や対話という言葉を口にできるのは立場が強い女性のほうであり、自らの差別や権力性に無自覚である場合が多い。これらの視点を抜きにシスターフッドについて語ることは難しい。しかしシスターフッドは、女性を分断する社会に向き合いそれを変えるために、すなわち多様な女性が敵対せずに差別がある社会で生き抜いていくために必要な視点でもある。

フェミニズムは性別によって生じる不平等の仕組みを明らかにし、その変革を目指してきた。現在に至るまでのフェミニズムの潮流と、そこに示された一枚岩ではないフェミニズムのあり方についてまず述べていきたい。

個人の解放か社会の変革か——十九世紀から二十世紀にかけてのフェミニズム

社会正義を追求するほかの多くの理論や運動と同じく、フェミニズムもまた、大きく分けて二つの目的をもっている。一つはジェンダーによる差別や権力関係を生む社会の仕組みの変革であり、もう一つはジェンダー規範に縛られない個人の解放だ。社会の仕組みの変革とは、女性を女性としてカテゴライズし、そのうえで女性ジェンダーとして扱い差別する社会を「見える化」して批判することであり、個人の解放は、女性が個人として尊重され、性役割や「女性らしさ」を押し付けられず主体的に生きることができることを意味する。

この二つの目的は、どちらも不可欠であるにもかかわらず、ときとして相反することがあり、そのためフェミニズム同士にも対立を引き起こす。なぜなら、個人としての女性の解放は、場合によっては男女の非対称な関係を維持するジェンダーの仕組みの不可視化を引き起こしたり、それらに利用されうる可能性をはらむからである。また、ジェンダーの仕組みを有する社会を問題視し変革を目指す際、女性をジェンダーに縛られた被抑圧者であり配慮が必要な存在と位置づけることは、個人の解放を目指す立場からはかえって女性を不自由にする考え方だともいえる。

「個人の解放」に重きを置く考え方は、もともとは十九世紀の、いわゆる第一波フェミニズムにみられた。そもそも女性に参政権や財産権がなかった当時は、フェミニズムの要求はそれらの権利の獲得に集約されていた。女性も、自立した自己決定能力がある公人たりうることを社会的に認めさせようとする運動[3]が第一歩だったといえるだろう。社会・政治・経済の場で女性が権利を制限されていることは不当だと訴え、男性と同等の権利を求めた。実際には、二十世紀後半に、それらの権利が獲得されてもなお解放されない女性の状況があり、それに対し、女性の公的領域への参加要求がさらに主張された。[4]こうした潮流は、一九六〇年代以降の第二波フェミニズムでの、「自由・独立・平等な諸個人がそれらを保障する民主的政治制度を設立する」[5]ことを求める自由主義の思想を女性に適用するリベラル・フェミニズムに継承された。同時にそこには、権利さえ同等になれば女性は主体的にさまざまな困難を乗り越えていくだけの力があるはずだという考え方も含まれることになった。

一方で、フェミニズムには次のような視点もみられる。前述のように、法制度上、男性と同等の権利を得られたあとも、多くの女性は、男性と同様に政治や経済の場で主体的に活動することが困難だった。その背景を考えるにあたっては、リベラル・フェミニズムが重視した社会での公的領域だけでなく、私的領域にも目を向ける必要がある。なぜなら、男性が自立して社会で活躍できるということは、その陰で彼らの人としての生活を支える仕組みが存在しているからである。人間の生活に必ず関わる営み、家庭内労働や子育てなど、とりわけ外部のサービスがなかった昔ほど、それらをかわりに請け負ってくれる存在があってはじめて仕事や社会活動に集中し活躍できたということである。すなわち、家庭内の業務など私的領域での活動の多くは妻や母親らの女性が担っている現実があった。それは現在も続いている。

一九六〇年代以降の第二波フェミニズムには、人権や平等の基準になる「人間」とは、それを補助する従属的な「女性」という存在を前提としてはじめて自立した個人たりえる「男性」のことであり、そうでなくては近代的人間は存在しえないという仕組みへの気づきがあった。男性を支え、世話をする役割を課せられる「女性」が、それをしてもらえる男性と同等の主体になることは不可能である。こういった視点をもつフェミニズムは、「性抑圧をあらゆる形態の抑圧の根源とするフェミニズムの一潮流[6]」であるラディカル・フェミニズムと呼ばれ、そこでは女性の主体性の重視よりも、私的領域での男女の権力構造のほうを問題化すべきと考えられた。

これまで政治的な問題が存在すると考えられてこなかった性関係や家庭という私的領域での権力構造が発見され問題化されるのに寄与したのは、コンシャスネスレイジング（CR）に代表される、女性の共通の悩みや経験を語り合う活動だった。CRの活動では、女性が経験する不合理な出来事が、各人に別々に生じる個人的な問題ではなく、女性であるために共通して生じる社会構造的な問題であることが確認された。

個人の解放か社会の変革か、どちらの目的を優位とするかで、フェミニズム同士は相いれない場合が生じる。ラディカル・フェミニズムは女性に対して、私的領域である日常生活全般で常に政治的であるべきだと主張する。それに対し、このように女性の生活の自由を制限することの問題性や男女間の権力構造が私的領域に存在することだけを問題視すると、まだ解消されていない公的領域での差別構造に対する批判を無化する危険性がある、とリベラル・フェミニズムはラディカル・フェミニズムを批判する。(7) その一方で、リベラル・フェミニズムは、形式的平等が実現されたと判断したのちに、ジェンダーに縛られない個人の生き方を再定義することを重視する。しかし、そうした自由や主体性の重視は、「男性的な価値体系」を有する私的領域での権力を「常識的な前提」として不可視化することになると批判される(8)事態が生じる。

また、ラディカル・フェミニズムのような権力構造への批判や変革の要求を前提とした主張や生き方は、多様で自由な女性の生き方を制限することにもつながる。一定の抑圧／被抑圧の関係だけでは語れないさまざまな立場の女性が存在し、女性は社会批判をおこなうだけではなく、欲望する存在でもある。とはいえ、女性の権利や自由だけを重視するのでは、差別や非対称な権力構造を有する現状をデフォルトしてしまい、社会変革につながらないという悩ましさがある。このような、女性の主体性への視点と社会構造への視点の軋轢は、近年では、女性を差別する仕組みは社会にはもう存在せず、フェミニズムは必要ない、とする前述の近年のポスト・フェミニズムの流れにも強く表れている。女性の主体的な選択を重視するポスト・フェミニズムは、もうフェミニズムは終わったとする価値観であり、リベラル・フェミニズムで示されていたよりもさらにジェンダー権力構造を等閑視する。

女性の同一性か多様性か——女性とは誰かをめぐる現代のフェミニズム

さまざまな立場のフェミニズムを考えるうえでのもう一つの軸として、女性に共通する経験や女性の同一性を重視するか、女性の多様性を重視するか、というものがある。

女性と一言でいっても、生きる時代や社会も、階層も、セクシュアリティも、年齢も、さまざまである。前述のラディカル・フェミニズムのように、女性を差別するジェンダー構造を想定し批判する場合、ある程度の女性のカテゴリー化と女性の同一性を前提としがちになる。その際、そのフェミニズムのなかで、力をもつ女性たちがその基準になりやすいという問題が生じる。

例えば、第二波フェミニズムは世界各地で起こったとはされるが、やはり強い発信力をもったのは資源に恵まれ、生きるうえでの余裕がある欧米のフェミニストたちによる思想だった。フェミニズムの活動について、「自分たちのジェンダー以外のすべての面で既得権を享受している、西欧の白人女性による政治」がそれを代表すると捉えるならば、フェミニズムは「エリートか人種差別主義者」のものとして敬遠される。[9] こういった問題はフェミニズムの登場から存在していたといえるが、二十世紀もよりあとの時代になるにつれ、フェミニズムでの「女性」とはどのような立場かという問いがより重要なものとして位置づけられるようになる。

フェミニズムにも存在する格差や一部の女性の特権性が実際の運動にもたらした問題についてベル・フックスは、「革命的な意識を持ったフェミニスト」や「ラディカルな思想」が「改良主義的リベラリズム」や大学での「女性学の教室」に取って代わられ、社会変革の方法が一般の女性に届かない、という事態について語っている。[10]

一部のフェミニズムが力をもつことの批判は、単に異なる立場のこと「も」フェミニズムが扱えばいい、ということを意味しない。米山リサは、日本で「第三世界フェミニスト」という用語が使用され、「フェミニズム「本来の」関心が何なのか、という問い」が発せられる際に、次のような問題が生じると指摘している。第一には、中心とその他を想定する、という議論の立て方そのものによって生じる、権力と排除である。そういった枠組み自体が、「ヘゲモニックなフェミニズムの位置を占める」フェミニズムによるほかのフェミニズムの排除を生み、「規範的で特権的位置にあるフェミニスト主体をつくりあげる」[11]。第二に米山は、多文化主義のなかの「最大公約数的」とされることによって、ヘゲモニックなフェミニズムがもつ権力性が問われず、その関心事が、「西洋化された先進産業化社会」の「特殊な地理歴史的脈絡に拘束された関心事」にもかかわらず「特殊性」が「曖昧にされる」[12]ことを懸念する。そして、大切なのは、権力性に鈍感なこの種の多文化主義ではなく、「女性という同一性や共通性を「括弧にいれ」なければ明らかにされない未解決の問題が数多くある、という認識」[13]だ、と述べる。

すなわち、この社会を生きる主流の女性がいて、そこでの関心事こそがフェミニズムの中心的な課題だが、それ以外の問題も扱う、という不均衡な向き合い方では、現状の権力構造を批判しているフェミニズムのなかに別の権力構造が作られてしまう。多くの場合、現実批判と改革を目指すなかで自己を相対化するのは非常に難しいが、自分の生の基盤が、ある人々の抑圧のうえに成り立っているという自覚を、フェミニズムももつ必要がある。当然その自覚は同時に、女性とは誰のことを意味するのかという問いを突き付けてくる。

フェミニズムの活動の現場では、主体性の重視か社会構造の変革かという前項の対立軸は、より主体的に動きやすい立場か、より抑圧を感じている立場か、などとして立ち現れ、場合によってはそれぞれの立場間の抑圧／被抑圧の関係を生むこともある。それぞれの立場の違いも相対的なものであり、固定化された抑圧／被抑圧では語れないケースもしばしば生じる。

また、ジェンダーの仕組みも社会によって異なる。したがって何が女性にとっての深刻な問題か、ということも社会にとって必ずしも同じであるともかぎらない。先進国に暮らす女性の苦しみと、途上国に暮らす女性のそれは同じではない。異性愛女性の家庭や職場での苦しみとレズビアン女性のそれも同じではない。生まれたときに割り当てられた性別と自認する性別が一致している女性とトランスジェンダー女性、健康な女性と何らかの病気や障害がある女性、独身の女性と既婚の女性、若い女性と高齢の女性、そのほかにも無数に違いはある。またこのような二分法では語れないほど複雑に、それぞれが、さまざまな困難を背負ってそれぞれの社会との関係のもとで生きている。そこにもまた抑圧／被抑圧の関係は発生しうるが、一つの立場からジェンダー構造を捉えるだけでは、ジェンダー構造を説明したことにはならないし、その範囲だけで社会変革が実現したとしても、別の立場からのジェンダー構造はそのまま、もしくはさらに悪化することにつながるかもしれない。

とはいえ、ある一定の社会問題との向き合い方、問題解決に向けた理論や政治、視点の共有のためには、それがたとえあくまで暫定的に想定されたものであっても、女性の同一性やある政治課題の優先が必要になる場合もある（もちろん、その選択が別の立場の女性を差別したり抑圧したりすることにつながるのであれば問題だが)。

自身とは異なる立場への想像力や多様性の尊重が肝要だが、視野をより広げ議論を続けなければならない。こういった視点は後述するインターセクショナル・フェミニズムにも通じ、そこでは、その社会で力をもつとされるフェミニズムの無自覚さが問われることになる。

日本のフェミニズムについて——主流派と草の根と

筆者が関心をもつのは、一九七〇年代後半以降、女性グループの活動が広がった時代の草の根フェミニズムである。その少し前、ウーマンリブ(以下、リブと略記)の時代のフェミニズムの活動に比べて、この時代のフェミニズムは、行政やアカデミズムといった権力や体制と関連をもつことで主流化し、その社会変革的な力は失われたとする見解も多い。

日本のフェミニズムは、社会のなかでは、「行政にコミットして政策への影響を持つ[14]」ようにして「主流化」し制度化していったとされることがある。嶋田美子は、リブの衰退以降のフェミニズムについて、女性個人のエンパワーや権力の獲得に特化して「フェミニズムが政府と協調してフェミニズムが制度化され」、それに「伴って、フェミニズムと権力の関係が複雑化して[15]」いく様子を述べている。また、金井淑子は、「マイノリティ女性の抱える問題を「あなた達の問題」として他者化してしまうその主流のフェミニズムのまなざし[16]」が批判されている状況について述べ、「主流派」とされるフェミニズムを、「マイノリティ」と分断されたものとして反省的に位置づける。「主流化」したフェミニズムやその個別の活動は、男女共同参画などの施策の手足になり、社会構造への批判的視点が弱められ、現状の社会のなかでの女性の成功を目的として、さまざまな事情を抱える女性やマイノリティ、その背景にある差別や権力の仕組みを問う力をもたないという問題点を有していた。そして実際、「これらの上からの改革は、日本社会における性差別を解消[17]することには結び付かず、日本社会では、「「女性の人権」や「性的マイノリティの人権」問題も解決の方向を見出」せず、「「ジェンダー平等」は実現していないし、極言すれば、近い将来実現すると信じられる根拠もない[18]」という状況にあるとされる(部分的な改善はあったとしても)。

しかし、その一方で、一九七五年の国際婦人年、国連の女子差別撤廃条約の批准、男女雇用機会均等法制定をめぐる八〇年代の議論など、女性をめぐるさまざまな社会的な動きとともに、女性たちが身近な差別や社会問題に関心をもち、さまざまな方法で学び、議論し、発信し、地に足の着いた活動をしてきた経緯がある。こうした歴史は、「主流」ではないためか、フェミニズムと社会との関係についての議論ではあまり重要視されない傾向にある。

例えば、いわゆる「女性センター」は行政主導ではあったが、「その運営は民間の財団が担い、女性の自立、社会参加、様々な団体の活動支援、ネットワーク作りなどを推進するための場と[19]」なっていた。当時、筆者自身も編集委員をしていた「女性学年報」では二〇一一年に「「女性センター」という経験[20]」という特集を組み、働く人々や利用者の立場から「女性センター」がどのような存在だったかを紹介している。働く立場からは、行政主導のため政治や労働などについて権力に踏み込んだ取り組みができなかったことへの苦悩や反省、労働の現場としての問題とともに、そうした場が存在していたことの意義が述べられている。[21] また、利用者の側からも、大学以外でジェンダーについての情報を得たり語り合ったりできる貴重な場だったこと、それまで社会運動との接点をもたなかった女性たちがアクセスしやすい場だったことの意義に言及された。[22] しかしながら、政治的な姿勢や社会批判的な視点をもたず「女性センター」を利用していた人々も多かったことにもふれられている。語り手たちは、前述のような行政主導の施設であるための問題も含め、「上からのフェミニズム」に悩ましい思いを抱きながら、女性センターを媒介して草の根の活動に関わっていた。

どこからどこまでを草の根フェミニズム的活動とみなすかは難しいが、少なくとも一九七〇年代後半以降、男女の伝統的な役割や力関係を問題化する女性グループが多く登場し、八〇年代から九〇年代にかけて広がりをみせていったことは事実である。当時の状況について、「女のこころとからだ」「子育て」「主婦」「働き方」「老後」など、さまざまなテーマごとに関連する女性グループや、その間のネットワークの存在が示されている。[23]

八〇年代の女たちの自己実現を求める欲求は、すでに七〇年代の女解放運動を契機に形成され、脈々と続いていたリブグループや、国連婦人の十年の間に、行政などへの積極的な提言活動で力を蓄えた主婦グループ等々の、女たちの思いと重なり合う。[24]

一九九〇年から二〇〇九年まで発行された『女たちの便利帳』（女性の情報をひろげる会編、ジョジョ企画）では女性解放グループから反戦平和、出版文化、労働、弁護士、表現活動、女性の居心地がいい場としての飲食店など、さまざまなテーマでの女性による活動（営利・非営利含む）が毎年数百ページにもわたって紹介してある。また、一九七〇年代の終わりには、欧米の“women's studies”が日本でも女性学として普及した。女性学は、ジェンダー権力構造を理論化して考察するという、基本的には学問の形式をとるものだったが、「女性を考察の対象とした、女性のための、女性による学問[25]」であり、「男性を主たる研究対象とし、男性によって主として担われてきた」「従来の科学研究」の「方法や分類自体を問いなおす[26]」という問題意識を強く打ち出していた。

この女性学の広がりもまた、アカデミズムの領域にとどまらず、さまざまな立場の女性が関わる草の根の学習活動としての側面をもっていた。「メンバーの自発性のみに支えられた柔らかい緑、互いの表情を見分けることのできる対面型の、拘束のゆるい非定型の集まり[27]」だという女性学研究会についての記述があるように、研究活動であっても、アカデミズムというよりはゆるやかで自主的な参加による活動としておこなわれることもしばしばあった。草の根フェミニズムでは、さまざまなテーマでの議論や取り組みがおこなわれたが、同時に、活動のあり方そのものをフェミニズム的活動の一環と位置づけ、模索する傾向をもっていた。それはリブにもみられたが、どちらかといえば個人の解放に重きを置くリブに対して、それ以降の草の根フェミニズムでは、フェミニズムの組織のあり方と関係性を築く方法論について多く議論された。

女性学という女性たちの学びの場、日本の草の根フェミニズムの活動グループでの営みや議論は、前述のように社会変革として大きな成果を上げたとはいえないかもしれないが、女性の連帯や分断を考えるうえでさまざまな示唆に富んでいた。日本のフェミニズムの歴史のなかであまり大きく取り上げられない傾向があったそれらを再確認することが本書の目的の一つでもある。そこではまず、フェミニズムの現場ならではの女性の多様性への認識が示されていた。実際さまざまな女性がいて、そのためにそれぞれに事情や考えが異なることが意識されていた。また、対立が生じた際には、女性だからと同一性に基づく連帯を求めるのではなく、どう調整していくのがいいのかと模索された。それらの営みが、女性の分断の呪いを解くための、またはフェミニズムでも多様性への視点がより重要とされる現代を生きるうえでの何らかのヒントになればいいという希望をもっている。

社会運動ではこれまでもその形態や目的によって、さまざまな、いわゆる組織のあり方やそこでの成員同士の関係性に関する議論がされてきた。しかしフェミニズムの活動の場合、その議論は、円滑な活動の運営や維持、効果的な行動をおこなうため以上に、男性中心の権力構造へのアンチテーゼを示す政治そのものだった。ここでの関係性の政治とは、第一に、権力や権威を擁する関係性への抵抗であり、第二に、女性の経験から始まったフェミニズムによる女性の差異と同一性の問い直しだった。

草の根のフェミニズムではしばしば、ともに活動をおこなうにあたってのすれ違いや衝突、または互いの理解を深める場面で、女性間の差異に言及されることがあった。とはいえここでの差異は、エスニシティ、セクシュアリティ、身体的差異などの差別／被差別、抑圧／被抑圧の関係が比較的顕著なものよりも、仕事や家族関係など、そのときどきの置かれている立場の違いという差異であることが多い。だからこそ問題化もしやすく、解決に向けての道筋も具体的に示された。

実際、リブでもその後のフェミニズムでも、女性の同一性の強調よりもむしろ現実にともに活動する女性間の差異に関する視点が多々示されていた。そして、女性同士が向き合う際に、その「隣の女性」と「私」との同一性と差異をどのように考えるのか、という文脈としても立ち現れることになる。例えば、リブの時代にも「女たちの集まりに行くと、私は自分がとても素直になった気がします。女たちのやさしい、暖い思いが肌から染込んで来て、私自身までがやさしく暖くなったような気になるのです[28]」と女性の同一性に基づく安心感の表明がなされる一方で、「グループ名に、「女」がついているからって、女性解放を考えているとはかぎらないよ[29]」というように、女性解放を目指す女性グループとそうでないグループとの区別がまず必要だという主張もみられる。女性同士の居心地のよさだけを求めるのであれば、「ある意味で男のやり方といっしょ」であり、「自分が、女どうしの関係が、変わるのでなければ、解放にはならない[30]」と、女性であるからというだけで連帯することが目的ではないこともまた強調されている。

リブの活動の一つと位置づけられる「女・エロス」(社会評論社、一九七三―八二年)の編集に携わっていたメンバーは、のちに、「まったく違いながらなおかつお互いを尊重して、認め合って、同化しない、だけどいっしょにできるっていう[31]」理想の関係だったと述べている。過去を振り返るなかで美化されている部分はあるかもしれないが、ここでも、女性とはいえそれぞれが違う人間だという経験からの実感、女性だから連帯できるという思い込みを超え、自分と異なる女性との向き合い方を新たに考える必要があるという気づきが示されている。

さらには、以下のように、女なら「やさしさ」をもっているだろうということに甘えず、むしろ女性だけに「やさしさ」を求める社会のほうを疑い、女性だからつながれるという「幻想」を捨てたうえで新たな関係を築くべきだという主張もみられる。

おたがい、いっしょにやってみて　はじめて知ることばかり　だから女に幻想をもたないこと最低限の約束ごとをつくっておくこと（略）女は男によって分断されているんだから、もうおたがい敵だとおもってもいいくらいなんだ、というところから出発して、むしろ女どうし、手を組むにはどうしたらいいんだろう、というところから出発せなしょうがない。[32]

「一つのグループが何かをやってゆく時、微妙なズレや感情のくいちがいが出て（略）私が間違っているのだろうか、私の考え方が甘いのだろうか、と自問自答する[33]」という声のように、同じ女性であってもわかりあえない現実は、リブ活動でも悩ましいものだったのだろうと思われる。女性であることによる連帯を目指すリブにあっても、女性であるという共通項と、男性中心主義的な社会構造への抵抗をしながら多様な他者との関係をもつことを両立させる困難を乗り越えようとする模索があったといえる。

リブ以降の日本の草の根フェミニズムでは、女性の同一性よりはむしろ多様性を前提としながら多様な女性それぞれの経験を尊重し、対等な関係、平場をどのように作っていくかという試行錯誤がされる。

実際のフェミニズムは、シスターフッドを掲げながらも、個人としての女性の尊重やジェンダー平等の実現をめぐっては必ずしもみんなが同じ方向を向いて手をつないでいるわけではない。個人それぞれにとって、自分に合うフェミニズムもあれば、自分と合わないフェミニズムもあるのである。

わたしが出合ったフェミニズム——バックラッシュ、ポストフェミニズムの時代に

筆者がフェミニズムに関心をもつようになったのは、フェミニズムへの反発、いわゆるバックラッシュや「フェミニズム離れ」が取り沙汰されていた一九九〇年代の終わりだった。男女平等を訴えるフェミニズムは保守的な人々やミソジニックな男性たちにずっと嫌われ続けてはきたが、フェミニズムが無視できない存在になったとされたあとの反動、バックラッシュはそこに新たな意味を加えた。アカデミズムや行政という一定の「権力」をもつ分野に、ジェンダー論、女性学、男女共同参画としてフェミニズムが参入するようになると、そのことに危機感を覚えた勢力がフェミニズ

ムを社会に影響を与える「害悪」ととらえて激しい攻撃を加えるようになった。ポジティブに考えれば、それだけフェミニズムの主張が社会に受け入れられたとも捉えられるが、それまでばかにしていた存在がほんのわずかな影響力をもっただけで「普通」を生きたい人々にとっての脅威とみなされ、彼らが「フェミニズムが勝つかもしれないという危惧」(34)を覚えたということである。そうした保守層によるバックラッシュによって、フェミニズムは「害悪」だというイメージが流布された。同時に、それとすべて関連するわけでもない動きとして、日常のなかでの「フェミニズム離れ」も起こっていた。「フェミニズム離れ」は「普通の女性」たちとフェミニズムとの距離として語られることが多い。例えば、フェミニズムは「男性並み」の成功を手にすることが可能なある種の女性たちにとっては叱咤激励になるが、そもそものような舞台に立つことさえできない女性たちにとっては、一方的に女性の自立を押し付け、「私にはできない」と責められているような意識を生む。(35)しかしその一方で、「自立」した女性からは、自分たちは実力で勝負しているにもかかわらず、フェミニズムは社会のせいにして自分の行為に責任をもてない思想とみなされる。(36)また、何らかの事情でこれまでのジェンダー規範に沿って生きざるをえない女性たちに対し、「あなたたちの選択は間違い」として正しい生き方を押し付ける(37)教条主義的な存在と捉えられる。「フェミニズム離れ」には、さまざまな生き方の女性たちにとって、それぞれ女性を応援してくれるはずのフェミニズムが自分を否定するように感じられるという混乱がみられる。それは、キラキラしたフェミニストの活躍や一部で教条主義的に差別を訴えるフェミニストの印象によるものかもしれないが、そもそもその矛盾するイメージは、フェミニズムのなかに、前述のようなさまざまな要素があることにも関係しているだろう。

まだ自分がフェミニストかどうかも定まらないうちにこういった逆風に出合ったことで、フェミニズムに対するバッシングやマイナスイメージへの怒りとともに、心のどこかで手放しで称賛できるものではないかもしれない、フェミニズムにも問題はあるのかもしれない、という気持ちを抱えながらそれと向き合う姿勢をもつことになったと思う。そしてそれをくすぶらせたまま、私はおそらくはフェミニストのアイデンティティをもった生き方を続けている。

これらの「出合い方」から生まれた気づきは、フェミニズムには自分に合う部分もあれば合わない部分もある、というものだった。その気づきは、フェミニズムは一枚岩的なものではなく、性別で価値づけされたり自由を奪われたりすることがない社会の実現を望むとしても、着目する側面と方向性でさまざまな複数性をもつものであることへの関心につながった。そして、その複数性が、ときとして対立するものでもあることに興味をもった。

実際にフェミニズムの現場（と自分で認識する場）に足を踏み入れたのは、二〇〇〇年代初頭、大学を卒業して大学院に在籍しているころだった。きっかけは、〇四年の日本女性学会の大会シンポジウムに聴衆として参加したことだった。その年の大会ではウーマンリブがテーマだったが、登壇者と参加者が質疑でひどく激しい議論をしていたことを覚えている。いまになって振り返ると女性学のあり方をめぐっての応酬だったとは思うが、ジェンダー平等を目指すという同じ目的をもっていても、その方法論で合わないことがあるのだという印象が強く残った。このとき、失礼ながら日本女性学会とは怖い人たち、近寄りがたい人たちが多いなという第一印象をもってしまった。そのため、しばし用心深く向き合っていたはずだが、気がつけばなぜか筆者自身も何度か幹事を務める運びになり、徐々にそういった第一印象は変化していった。

さて、日本女性学会の大会のあと、さらに激しくさまざまな議論を経てきた会が関西にあると聞いて興味をもち、その会（日本女性学研究会）の例会や、研究会誌である「女性学年報」の編集委員会、のちに運営会にも参加するようになる。そこまで深くは考えていなかったが若干の参与観察的なところもあった。しかしながらその結果（ミイラ取りがミイラになるように）、現在まで活動を続けていることになる。

この日本女性学研究会も、その後関わったさまざまなフェミニズムの活動の多くも、差別や権力構造に対抗する目的のため、「平場」という言葉でしばしば表現されるメンバー同士のフラットな関係性を強く志向していた。平場の障壁になる個々人の差異や力関係を見て見ぬふりをするのではなく、それを明らかにしたうえで、トップダウンではない仕組みや関係性を構築するための試みが目指されていた。

みんな違ってみんないい、では成り立たないのがインターセクショナルな社会であり、ましてや、社会正義を目指す活動のうえでの個々人の差異は、避けるべきはずの抑圧の原因にもなりうると同時に目的達成の障害にもなる。そのため、それらの活動を続けるなかでは、個人を尊重したうえでどう調整していくかが重要になってくる。もちろん、有無を言わさずトップダウンで差異を封じ込めることは解決にはならない。

例えば、それらの活動では、社会的地位や立場の違いなどで業務の分担や意思決定などに関してはほとんど差がつけられていないという場合もあった。偏りがあった場合には、どうしていくべきか話し合いの場が設けられる場面にもしばしば出合った。こういった平場は筆者の目に新鮮なものとして映ったが、実際は少し落ち着かない感じもした。平場とは、言い換えれば指示されたことだけしていればいいのでもなく、立場に応じた役割を担えばいいのでもなく、常に自分で動き、「目上」の人とも遠慮せず対等に接することが求められる場だったからである。

実際にいくつかのフェミニズム的活動に関わるなかで、偏見を押し付けられず気楽な半面、この人たちと過ごすのはしんどいな、という経験のほうが、特に最初のころは多かった。よく、フェミニズムを知って自分の居場所ができた、という人の話も耳にするし、フェミニズムは自分が自分でいられる場所だという経験も語られるが、筆者の場合、フェミニズムに良好なイメージをもつには少し時間が必要だった。

こういった違和感とともに、フェミニズムの場に向き合うのに時間がかかったのは、誰かの発言に対して別の誰かが、差別的だ、権威的だ、などの批判の声を上げる機会が多かったからである。実際には、あなたの発言は私を傷つけた、それは恵まれた立場からの発言だ、というような指摘が多々あったとしても、それらが有無を言わさず指摘された側の謝罪を導くということや、それで話が終わるということはほとんどなかった。どこに問題があったのか、それまでのやりとりが繰り返し話題になって（もっとも、そのやりとり自体が加害になるかどうかの視点は考慮されながら）、活動のあり方自体に問題はなかったのか、ほかの被害者や付随するほかの問題はなかったのか、と議論がつなげられていく様子をしばしば目にした。トップダウンで安易な決定がなされたと感じたケース、被害や犠牲を止められなかったと感じたケース、ときには埒が明かず活動そのものが止まってしまうケースもあったが、多くはよりよい解決を目指そうとして、事実、なんとか解決していた。こういった一連の姿勢や議論から学ぶことは多かった。少なくとも、忖度せずに徹底的に個人個人が議論し、この活動でのフェミニズムとは何かを常に問い直し、落としどころを見つけようとしていたと思う。誰かの主張が一方的に封じ込められるようなことは基本的にはなかったし、特定の主張や人物に権力が偏ることも回避し、業務の負担が集中しないための試行錯誤もあった。

こういった活動での試行錯誤やそこでのメンバーのフェミニズムにおける混乱などは、それぞれの会の暗部や「しんどい」部分を示すこともあり、ニューズレターなどの公式の記録には残されない場合が多い。しかしながら、いくつかの活動団体ではそういった営み自体をフェミニズム的に意義があるものと捉え、むしろ意欲的に書き残してきたところがある。次節では、筆者自身の経験だけによるものではなく、あくまで記録されたもののなかから、多様な個人がともに活動するためにおこなってきたフェミニズムの試行錯誤の様子を紹介し、分断の呪いにとらわれないための方法を模索していきたい。

3　シスターフッドの発見——分断のメカニズムへの抵抗として

ジェンダー構造と女性の分断

性別を問わず個人が尊重され、適切に関係をもつことが可能な社会とはどのようなものだろうか。それを実現するためには、反対にそうしたことを不可能にする仕組みに目を向ける必要がある。女性を分断させる社会構造に目を向け、「つながる」ための政治的取り組みをおこなった思想と活動がフェミニズムであり、女性の分断を生む社会構造に抗うため、女性の連帯を目指す傾向があった。フェミニズムがどのように社会構造を捉え、女性同士の分断の仕組みを分析し、それに対してどう抵抗していったのかについては第2章で紹介する。

前節までのフェミニズムについて概観したが、そもそも、フェミニズムとは何か。ベル・フックスはそれを「ひと言で言うなら、「性差別をなくし、性差別的な搾取や抑圧をなくす運動」」と定義し、男性を敵とみなすことなく、性差別を問題とする点でこの定義を気に入っていると述べている。(38) フェミニズムは、差別を生み出す社会構造そのものを問題化すると同時に、ジェンダー規範にとらわれず個人が主体的に生きられる方法を追求する。この二つは、ともにフェミニズムの根底をなすものであり、相互に関連しあっている。例えば、河野貴代美は、フェミニズムを「自分を肯定し、自分らしく生きるための生活の知恵・指針のようなもの」であり、「結果的に男女平等な社会の構築をめざす(39)」と述べている。

しかし、たとえ差別や理不尽な扱いを受けた経験を共有していたとしても、女性同士がなかなか仲間になれない、ときとして敵対してしまう現実がある。それらを自明のものとせず、その背景にある社会構造を暴き、それぞれの女性が幸せになろうという目的のもと、第二次世界大戦後のフェミニズム、いわゆる第二波フェミニズムは、女性同士のつながり、シスターフッドを大切なものと位置づけた。

シェア・ハイトは、ジェンダーに基づく権力構造が存在する社会で、そこでの価値観を内面化した女性は、「半ば無意識のうちに社会体制に同調して」「女性の側ではなく社会体制の側に立つ」、例えば「他の女性を非難することによって「ポイント」を稼(40)」ぐ振る舞いをしがちだと述べる。なぜなら、その振る舞いによってしか、女性は社会的に認知されない、ということがあるからである。フックスもまた、女性たちは「男性優位のイデオロギーによって、自分には価値がないと思い込まされ」、また「女性が互いに交友関係を持つことは経験を豊かにするというよりはむしろ狭める」「生まれながらにして」敵」だと「教え込まれている(41)」と述べる。

確かに、女性が「選ばれる」性であるという説明はしばしばなされる。水島広子は、「かつての女性は自力で社会的地位を築くことなど考えられず、「どの男性に選ばれるのか」によって社会的地位が決まって」いたこと、また「女性が仕事をするのが当たり前になった今でも、その「選ばれる性」としての特徴は色濃く残って[42]」いることを指摘している。例えば、結婚相手として「ある女性が選ばれたということは、それ以外の女性は「選ばれなかった」ことになり、選ばれなかった女性は傷つき、それが、「「選ばれた女性」に対する意地悪やバッシングなど[43]」を引き起こす、これが「女の敵は女」、つまり女同士の分断につながるというのである。女性が一人で十分な稼ぎを得にくかった時代には、生きていく手段として男性と結婚するしかなかった。そういった社会では女性の主体性は軽視され、女性は男性に性愛や婚姻の対象として選ばれる立場になる。より望ましい男性をめぐって、女性同士はライバル関係になる。さらには、働く場でも女性は、職場で権力をもつ者の多くが男性であるために「常に男性からの視線にさらされ、女性として誰の評価が高いかという選別[44]」を意識させられる。こうした不均衡なジェンダー構造のなかでは、女性は男性にとって好ましい特性をもっているかどうかで価値判断され、互いに分断されることになる。

それが妻やパートナーという私的なポジションであれ、より権力をもつ男性に気に入られることで社会的に力をもつ場合であれ、同様である。さらには、こういった女性を劣位に置くジェンダー構造のなかで、女性自身が「ステレオタイプ的見方」でほかの女性を「いやな女」とみてしまうことや、女性同士が仲良くなることで「「レズビアン」であると決めつけられる恐怖」「他の女性が自分を傷つけたり、排除したりするのではないかという恐れ[45]」が、女性間に「葛藤・闘争」を生じさせるという。そして、女性の社会進出に伴い、「新しい社会的地位」で生きるなか、「他の女性とどのように交際したらいいかという不安感[46]」が生じるとハイトは述べている。

また、こうしたジェンダーに基づく女性の立ち位置の問題の延長線上に、女性の生き方が多様化するなか、女性自身がそれぞれ互いに比較し優劣をつけあう傾向があるという見解もある。伝統的なジェンダー規範に基づく社会では、男性は職業的地位や収入、女性は、前述のような「選ばれる」ための、容姿などの性的価値や家事・育児や気遣いなどのケア能力で社会的な評価を受ける傾向にあった。しかしライフコースが多様化して格差も拡大するなかで、それらの評価軸に変化がみられるという。白河桃子は、近年の女性は「彼氏がいる、いない。またどんな彼氏か」「「女性目線」から見た「キレイ」「可愛い」「オシャレ」など」の外見的要素、「夫や子供のステータス」、既婚か未婚か、子どもがいるかどうか、幸せに見えるかどうか、さらには働く女性が増えるなかでの「社会的な女性のステータス」[47]など、さまざまな評価軸でジャッジされると述べる。

他方で男性は、前述のような地位や収入という評価軸でわかりやすくランク付けされ、企業文化など同質的な空間では、そのランクを受け入れたうえで、男性同士のホモソーシャルな絆でつながることで利益を得る関係性を生きる傾向にある。自分と競合する相手に対して男性は、「自分も力をつけて相手を打ち負かそう」と考え、「相手を蹴落とせば自分が上位にたてる」とは考えない傾向にある。しかし女性にはそういったわかりやすい評価軸がなく、「相手から見て自分という存在はどういう意味を持つか[48]」で自身を評価して相手と比べ敵対する傾向にあるという。

また、女性は男性によるホモソーシャルな関係性からは排除されるが、所属する組織で男性が力をもっていることが多い以上、男性的価値観を受け入れることで地位や利益を得る。そういった認識をもつ女性たちにとって、女性同士がつながることには利点は少ない。したがって、男性に「選ばれる」ことを志向する者同士の分断は、性関係だけでなく職場でも起こりうる。本来は女性同士がつながることの利点も多いはずではあるが、男性優位な社会ではそれらは過小評価されがちになる。さらには、女性は固定的性役割によって不利益を被る経験が多いが、そのせいでともすると、「自分自身が女性であるが故に何かを我慢した人は、その被害者意識から、我慢していない女性を「許せない」と感じることも少なく[49]」ない。

こういった「選ばれる」ことをめぐる対立は、男性の庇護を得る以外に女性に生きる手段が乏しい状況下では、避けがたい問題かもしれない。だが、女性の選択肢が広がり、生き方が多様化するようになると、女性のカテゴリーは増えていく。既婚女性と独身女性、稼ぐ女性と稼がない女性、子どもがいる女性といない女性など、さまざまな女性のカテゴリーが存在するようになる。では、それによって女性の分断は解消されたかというと、そうではない、ということである。一九八六年が「女性の分断元年」ともいわれるように、この年に施行された男女雇用機会均等法やそれに伴う規制緩和は、男性同様の条件で活躍できる女性と、非正規労働などに従事することでしか生きられない女性とを生み出し、女性間の経済格差も拡大していくことになる。ジェンダーに基づく他者との関係だけでなく、実質的にも新たな分断が生じ続けている。

連帯を阻む仕組みとしてのジェンダー

こういったジェンダー構造は、男性にとっては、「女を性的客体とすることを互いに承認しあうことによって」自身の「性的主体性を確認」し、「性的主体間の相互承認と連帯」を成立させるもの[50]であり、そのことを通して形作られる「信頼に基づいた強固なシステム」[51]だといえる。社会を支配する男性同士の絆、男性が作り出すホモソーシャルな構造は、男性同士の閉じた関係性の維持のために女性を嫌悪して排除し、同時に女性を「欲望の対象」として男性の共有物や従属物として抑圧的に扱う仕組みなのである。[52]

ホモソーシャルなジェンダー構造のなかでの女性同士の関係を、上野千鶴子はこう言い表している。「「分割して統治せよ（divide and rule）」。それが支配の鉄則だ。分断しておいて、互いに対立させる。そのあいだに「連帯」など、もってのほか」[53]。つまり、女性は、社会の表舞台から排除され、男性にとっての客体である地位に不満をもっても、そもそも主体的に手を取り合って反発することさえできない仕組みのもとにいる、ということである。

そもそも権力構造を伴う社会には、支配層のコントロールに都合がいいように被支配層を団結させず分断させるメカニズムがあるとされる。

クラウディア・フォン・ヴェールホフらは、資本主義社会の特徴として、いわゆる「資本家とプロレタリア」だけでなく、「分断のメカニズムはさまざまな社会階級の内部でも、またそれらにたいして対角線上にも」はたらき、「労働の分断（分業）と人々の分断は、その交差の中で非常に複合的なもの」[54]になっていると述べる。そのため、被支配層の内部であっても、同じ階級内部の結び付きは生まれるものの、「劣悪な境遇にある人々と共闘する」[55]ことの利益は見いだされず、むしろ彼らを搾取することになる。支配される者たちがそれぞれ連帯し、力をもち、抵抗することは、複雑な階級や異なるカテゴリーに位置づけられる個人の連帯の難しさや、支配のメカニズムを簡単には変えられない状況下で、連帯を都合が悪いものと捉える権力構造によって遮られることになる。

こういった分断のメカニズムは、近年のポストフェミニズムと呼ばれる状況で、これまでのジェンダーのあり方と連続性をもちながら新たな局面をみせている。

ジェンダーをめぐる状況について、近年、ポストフェミニズムの観点から議論がなされている。ポストフェミニズムとは、「男女平等が達成され」たと認め「フェミニズムは正しかった。だがもう必要ない」[56]と考える社会状況を意味する。ポストフェミニズムは、「「競争の自由」を主張しながら、実際には競争の前提となっているさまざまな社会的差異や権力関係は不可視」[57]し、「女性に課する市場と家庭双方での負担を増大させる」[58]、新自由主義的な社会のもとで生じている現象である。

新自由主義下では「ジェンダーの支配はより巧妙に変化する」[59]。日本では、自由な選択にみえる「非正規雇用」や「コース別人事」の問題[60]が新自由主義を導入・反映した結果として生じている。菊地夏野は、こうした日本での労働やそれに関する法制度の状況について、「実際に起きているのは、さまざまな差別的な規制や構造はそのまま放置あるいは悪化させられ、一方で一定の条件下の女性のみ」[61]の「活躍」を可能にするものと述べている。

このポストフェミニズム的状況について、菊地はアンジェラ・マクロビーの論を紹介しながら説明する。この状況下では、フェミニズムの要素とされていた「「エンパワメント」や「選択」という言葉が」が政策やポピュラーカルチャーを通じて、生活のなかに取り入れられる。しかしそれらは、「より個人主義的な言説に転換され」る、すなわち、「エンパワメント」や「選択」を阻害していた社会の問題としてではなく、個人が主体的に得ていくものとされる。そうしてそれは、「ある種のフェミニズムの代替として展開[62]」されていくという。すなわち、「フェミニズムは女性の集合体としての社会的地位の向上を目指したが、ポストフェミニズムにおいてはあくまで個人的な成功に価値がおかれ[63]」、結果として、「女性たちは新しい女性性を身につけるよう社会的に要請され[64]」ることになる。つまり、ジェンダー構造を不問にしたまま、さまざまな問題を女性個人の自己責任で乗り越えるべきだとする社会では、強制ではなく成功のための選択肢として女性ジェンダーが位置づけられる。女性が置かれる理不尽な状況に対して連帯して声を上げるのがフェミニズムだが、ポストフェミニズム的状況ではそういった連帯は意味をもたず、自己責任論が強まるなか、さらなる格差や分断が生まれていく。

ジェンダー構造によって各種の役割やポジションを与えられたうえでの女性同士の分断と差別構造への抵抗を無化しようとするポストフェミニズム、新自由主義のメカニズム、これらの仕組みを知ることは、「女の敵は女」の呪いを解くための大きなカギになる。フェミニズムを学ぶ過程では、ジェンダーの仕組みやこうした理屈を知ることだけで分断の呪いは乗り越えられるようにさえ感じられた。しかしながら、その過程で実際にはそれは難しいことも知った。さまざまな軸に基づく多様な女性が存在し、ときには彼女ら同士の間にも抑圧／被抑圧の関係が生じる現実は、簡単には連帯することが困難であることやシスターフッド自体が新たな呪いにもなる可能性を示していた。

シスターフッドの希望と困難

ハイトは、フェミニズムが目指すところの一つにこういった分断や対立を乗り越えること、すなわち「女性が誠実で連帯性を持ち、男性グループによって分裂・征服されないならば、世界においてもっと大きな力を持つことができる(65)」ことを挙げている。この点についてはアドリエンヌ・リッチもまた、体制側に「とくべつな」女性として受け入れられた女性が「父権制秩序とその分断支配の原則に、もう一つのささやかな追認を与えることになる(66)」と述べ、女性の成功と連帯を相反するものとする社会構造を説明する。ハイトはさらに、「女性の連帯に問題があり、脆弱さがある」とされる背景に、「女性の連帯を阻害」する「男性のほうが女性よりも上位に置かれ重要視されるという社会的システム」の存在を位置づけ、「だからこそ、女性は連帯しなければならない(67)」と述べる。それらは、「女としてともに仕事をし、意識的に私たちのネットワークをつくりだして(68)」いくことで実現可能になる。「おたがいに挑戦し、元気づけあい、相手の盲点に光を投げかけあい、洞察を生む陣痛に立ちあって励ましあう(69)」ことで、ジェンダー構造での女性同士の関係性の問題に立ち向かうことができるというのである。さらには、「女性相互間のコミュニケーションは、より詳細で、情緒に訴えるもの」「相手の心の中にある考えを探し出し、それを理解しようと(70)」するもの、と女性同士の関係性を対男性と比較して、理想的なものと主張して連帯の希望を示している。

もっとも、単に多様な女性が円滑に活動できるためのシスターフッドだとするならば、それはマクロビーが述べる、新自由主義的な社会でのジェンダー構造や資本主義を維持するための「レジリエンス」として批判的に捉えることも可能である。マクロビーは、ポストフェミニズム的な社会で女性には、「〈完璧であること the perfect〉」と、その「理想の批判、そして理想からの逸脱へのいくらかの見通し」を示す「〈欠点もあること the imperfect〉」が、さらには、欠点があることの「回復と修繕のための、偏愛されるツールでありセラピー的な道具になる〈レジリエンス resilience［回復力・粘り強さ］〉」が求められると述べる。[71]すなわち、新自由主義的な社会では、仕事も女性としての役割もこなせることで女性は評価されるが、実際には女性だけがそういった立場に置かれる社会の理不尽さは解消されていない。こういった矛盾を否定せず向き合うことや、それらにときとして怒りを示すこともまた、粘り強さ、レジリエンスとして評価される。しかしここで理不尽に耐え、解消に向けて努力する際に必要とされるのは、フェミニズム的な社会批判ではなく、自分との折り合いをつけることだった。「女性は欠点も含めてありのままに、元気にやっていくことができる」[72]ということである。シスターフッドが、ある種の妥協のしあいや傷のなめあいのように、「完璧」を求める新たなジェンダーに翻弄され摩耗する女性たちのしんどさを乗り越える手段としての、そしてそれによって資本主義経済が生産性を高めるためだけのものであるなら、フェミニズムどころか、「それに取って代わるという乗っ取りの論理[73]」にもなりうる。

しかし、フェミニズムが示すシスターフッドはそうではなく、社会批判の視点を共有することが大前提になる。とはいえ、そこには、立場の違いや女性間にも抑圧／被抑圧の関係が存在する。女性だから経験を共有できる、ジェンダー構造による阻害を乗り越えさえすれば連帯できる、「わけではない」ということである。

フックスは、「わたしたち女性は、連帯して生きること、そして連帯をして何かをなし遂げることを学ばなければならない(74)」と、女性同士の連帯や団結をフェミニズムの発展のための重要な課題とするが、「女性たちが互いに競争し足を引っ張り合うかぎり、女たちの連帯の絆であるシスターフッドは強い力を持てない」として、女性たち自身が自分たちの「中にある性差別意識(75)」と向き合うことの必要性を強調する。

また、「女性は、多かれ少なかれ男性支配の犠牲者であるという事実を自覚しさえすれば連帯できる、というようなシスターフッドの考え方は、砂上の楼閣として、階級や人種をめぐる討論によって打ち砕かれた(76)」。そして、「共通の抑圧などという楽観的な考え方や感傷的な幻想(77)」によって分断をなくすことは不可能だとし、フェミニズムに必要なのは「多様性、意見の対立、そして差異(78)」であると述べる。

フェミニズムは、女性にもさまざまな立場があり、それをどう乗り越えて共闘できるかに重点が置かれるようになってきたが、それが理想的に実現されるケースだけでなく、無自覚もしくは自覚的に特定の女性を切り捨てたり序列化したりする問題もしばしば生じている。

多様な背景をもつ女性たちが連帯するためには、「女性」であるという共通点だけに注目するのではなく「「女性」の中にある違いや、違う者たちの間に存在する力関係」「女女間格差」「民族、国籍、宗教、年齢、障害、セクシュアリティ（性的指向や性自認など）などの差異[79]」に目を向けたフェミニズムが必要である。栗田隆子も述べるように、「社会構造を問うことにつながる」フェミニズム的活動は、「自分たちの差を尊重し、批判があったときには声を潰さず、声を聞き分けしないやり方を、私たちが知ること」と、「自分たちの内側を省みつつ、権威に飲み込まれず、先鋭化を強いるのでもなく、外につながる方法[80]」を常に模索することである。

フェミニズムが目指す連帯、シスターフッドとは、フェミニストだからわかりあえるという単純なものではない。フェミニズムそのものにも複数性はあり、抑圧／被抑圧の関係を生み出し、わかりあえない状況を生むもとになるが、それを分析することは連帯の困難に向き合うためのヒントにもなりうる。

インターセクショナリティから問い直すフェミニズムへ

自分らしく生きる女性や男性同様に活躍する女性の増加はフェミニズムの成果として十分なのか、それとも固定的な性役割や性差別が完全に解消されないかぎりそうとはみなせないのか。この問いは、主体的な選択を重視するか、社会構造の変革を重視するかという対立構造であると同時に、さらに別の問いともつながっている。それは、自由な選択とは恵まれた一部の女性だけの特権なのか、という問いである。その問いは、性産業で女性が働くことや女性が自らを性的対象として表現したりすること、それらの文化を女性が主体的な欲望をもって消費することははたしてフェミニズム的なのか反フェミニズム的なのか、あるいは、専業主婦という生き方をすすんで選択することはフェミニズム的といえるのか、という問いにもつながる。

これらの問いに答えるには、インターセクショナリティの視点をもって考える必要がある。インターセクショナリティとは、「交差する権力関係が、様々な社会にまたがる社会的関係や個人の日常的経験にどのように影響を及ぼすのかについて検討する概念」であり、それを知るための「分析ツール」、そして「世界や人々、そして人間関係における複雑さを理解し、説明する方法[81]」である。すなわち、この社会に存在する人種やジェンダー、セクシュアリティなどさまざまなカテゴリーが織りなす関係性や権力構造によって、現実にある差別や抑圧を理解しようとする枠組みである。フェミニズムに関しては、例えば被抑圧者である「女性」がシスターフッドのもとで連帯しようとしても、なぜそれがうまくいかないのかを考える手がかりになる。「女性」の間にも、抑圧/被抑圧の関係が発生するフェミニズムでの特権は、インターセクショナルな視点で多様な角度から問い直されなくてはならない。

江原由美子は、「もともと女性問題は、インターセクショナリティの問題を伴いがち」だと指摘する。そのため「「女性共通の問題」だとしてある問題を提起しても、状況を異にする女性たちから、「自分たちの問題とは言えない」」と反発される事態が生じると述べる[82]。また河野貴代美も、全米女性機構（NOW）が「年齢、人種、民族、宗教、階級、能力、地域性、性的指向、性自認等の異なった次元においては、被差別の実態はそれぞれ違う」ことを無視してきたことへの批判とフェミニズムがそういった批判に内省的に向き合ってきた歴史にふれている。[83]江原は、インターセクショナリティの問題に取り組むにあたり、「属性の違いを超えた差別経験の共通性（たとえば「周辺化」という経験の共通性）に焦点を当てることによって、異なる属性をもつ人々の共感可能性や連帯可能性を指し示すことができるのではないか[84]」という期待を語っている。河野も、前述のような歴史を紹介したのちに、「異なった価値観の衝突」が「決して一枚岩でない社会にダイナミズムを作動させ、その隙間というか亀裂の隙間に、新しい価値観やその実践が[85]」入り込むことに希望を見いだす。

その際にまず必要なのは、抑圧／被抑圧の関係は一方向的なものではなく、差別される者という立場で政治的実践をしていたとしても、自身もまた抑圧者であるかもしれないという自覚をもつことである。または、社会正義を志向した実践をする者であっても特権をもって抑圧する可能性があること、それを批判することもまた社会正義の観点から必要だと認識することである。そのうえで、自身は誰かを抑圧していないか、しているのであればそれはどのような仕組みのなかで起こっているのか、また自身が誰かから抑圧される場合はどうかなど、たとえ自身が批判される立場になってもそれらを問い続け、また同じように問う他者との対話や調整を常に意識していく必要がある。

石原真衣は、ベル・フックスが示すインターセクショナルなフェミニズムへの視点について、特に日本でフェミニズムに関わる人々に向けて抑圧する側の視点で読むことの重要性を述べている。[86]すなわち、シスターフッドについて考えるならば、それぞれの立場に応じ、まずは自身がもつ権力性を問いながらフェミニズムと向き合うことから始めなければいけない。

女性が自らの生き方を主体的に選択できることはジェンダーによる支配からの解放として有益な一つのビジョンではあるが、現状では、それが可能な立場にある女性だけにしか実現できないことが問題だともいえる。こうした「力をもつ」立場の女性にとっては、「もたない」女性が抱える事情への視点がないことが多い。例えば、リーダー的ポジションの女性を増やすことを目指すフェミニズムがあるとするなら、そういった競争の土俵にさえ上がれない女性たちを切り捨てていることになる。確かに恵まれた女性を応援するよりもまず女性を差別する構造の変革を優先しようとすると、それが実現するまでは別の立場の女性の欲望や夢を否定せざるをえないこともある。だからといってこうした変革への思いを、自由な選択を遮るものとして批判するならば、それはより不利な立場にある女性を抑圧することになる。他方、女性を一枚岩として捉え、その一枚岩の女性像からずれた少数者の女性の選択を否定するならば、それは少数派の女性を抑圧することになる。女性の同一性に関しての議論も同様で、より発信力があって活動が可能な恵まれた立場の女性が「女性」のあり方を規定するならば、そこにもまた権力の仕組みが生じることになる。

これらの重層的な権力性への自覚と自省の再帰的な営みであるフェミニズムは、自己決定権か社会批判かという軸でも、多様な個人間の権力関係でも、まずは私も、私以外も、抑圧されてはならないという大前提をもつ。栗田隆子は、「「自己決定」とは（略）「まずもって、このことを決めるのはお前ではない」と主張すること」「「自分で決める」ことの前に「決めるのはお前ではない」という意志表明」であると述べる。[87]ジェンダー権力構造によっても、個人間のインターセクショナルな立場性でも、誰かが誰かをジャッジし抑圧することはあってはならない。その前提から外れるものはフェミニズムではない。

しかし、その前提を維持しながら異なる立場の女性同士が連帯することは容易ではない。一方的な視点で誰かをジャッジしたり自身の自己実現のために他者への視点を欠いたりすることは、第2章でふれるフェミニズムの活動でもしばしば起こってきた。

インターセクショナルな視点では、「とりわけ人種、階級、ジェンダー、セクシュナリティ、ネイション、アビリティ、エスニシティ、そして年齢など数々のカテゴリーを、相互に関係し、形成し合っているものとして捉え」[88]、その認識をもって差別の問題と向き合うことになるが、では結果的にどのような振る舞いをすれば「連帯」が実現するのだろうか。これらのカテゴリーがより大きな社会の仕組みを背景にもつことを考えると、この問いには簡単に答えが出せるものではない。

「個人的なことは政治的である」というラディカル・フェミニズムのスローガンが示唆するとおり、おそらく日常的に親密な関係にあると思われる女性たちの間にもそういった差異は存在する。そして同時に、フェミニズムの活動には、日常のなかで経験するそれらの差異と向き合い、そこに生じる問題を解決しようと試み、分断を避けようとしてきた営みもまた、存在する。大きな差別構造に基づく差異の問題と「隣の女性」との差異の問題が地続きであると認識するのは、難しいことが多い。しかし本書では、さまざまなレベルの差異の問題を考えるにあたり、比較的「些細な」差異だったとしても、それらと向き合うことには意味があると考える。誰かを貶めることではなく対話や調整が試みられてきた現実から学ぶものはあるのではないだろうか。そして、前述の江原や河野が述べていたインターセクショナルな実践がフェミニズムにもたらす希望を、本書を通じて探りたいと思うのである。

下地ローレンス吉孝は、インターセクショナリティという「言葉が生まれる以前になされた運動や研究が、後の時代になってインターセクショナルな実践として再発見されることもありえる(89)」と述べる。実際、草の根のフェミニズムの活動には、女性の同一性よりも、同じ女性ではあるがそれぞれが抱える違いに注目することを大切にしてきた面もある。また、大きな社会背景をもつカテゴリーでなくても、さまざまな差異やそこに発生する力関係と向き合ってきたフェミニズムの営みもあった。働き方や経済力、暮らし方、生き方に関係する差異は、先に挙げたカテゴリーに関係する差異と比べて（もちろんそれらのカテゴリーと交差する部分もありながら）、些細なものと捉えられるかもしれないが、日常のなかで直面するのはむしろそうした細かな差異であることが多い。そして、ともに活動するにあたって、なんとかしてそうした差異を調整しようとするとき、私たちがおこなうのはミクロな営みである。だが、この営みこそが重要なのだ。

次章では、フェミニズムの活動のなかでこうした差異とどのように向き合って連帯を模索しているかをみていきたい。そこから女性の分断を生み出す呪いの解き方を考えていくとともに、インターセクショナリティの視点を加えることで、活動のなかの不十分な点やさらなる可能性を検討し、フェミニズムを問い直すヒントを探していきたい。

注

（1）上西充子『呪いの言葉の解きかた』晶文社、二〇一九年、一六ページ
（2）「女性のための「権力」の使い方――「シスターフッド」こそが、最大の武器である」「Newsweek日本版」（https://www.newsweekjapan.jp/stories/woman/2022/07/post-722.php）［二〇二三年六月六日アクセス］、「シスターフッドカルチャーの覚醒とジェンダーマーケティングの進化」「SUNGROVE」（https://www.sungrove.co.jp/sisterhood/）［二〇二三年六月六日アクセス］
（3）ヴァレリー・ブライソン『争点・フェミニズム』江原由美子監訳、長谷部美佳／岩瀬民可子／小宮友根／中西泰子／久保田京訳、勁草書房、二〇〇四年、一三ページ
（4）同書一四ページ
（5）水田珠枝「リベラル・フェミニズム」、井上輝子／上野千鶴子／江原由美子／大沢真理／加納実紀代編集『岩波女性学事典』所収、岩波書店、二〇〇二年、四八一ページ
（6）伊田久美子「ラディカル・フェミニズム」、同書所収、四七八ページ

（7）前掲『争点・フェミニズム』三五ページ
（8）同書一五ページ
（9）同書二ページ
（10）ベル・フックス『フェミニズムはみんなのもの――情熱の政治学』堀田碧訳、エトセトラブックス、二〇二〇年、二六―二九ページ
（11）米山リサ『暴力・戦争・リドレス――多文化主義のポリティクス』岩波書店、二〇〇三年、一一六―一一七ページ
（12）同書一二三ページ
（13）同書一二四ページ
（14）伊田久美子「特集にあたって」、日本女性学会学会誌編集委員会編「女性学」第十五号、日本女性学会、二〇〇七年、一〇ページ
（15）嶋田美子『おまえが決めるな！――東大で留学生が学ぶ《反＝道徳》フェミニズム講義』白順社、二〇二三年、九一ページ
（16）金井淑子「バックラッシュをクィアする――フェミニズムの内なるフォビアへ」、前掲「女性学」第十五号、五七ページ
（17）前掲『おまえが決めるな！』九六ページ
（18）江原由美子『持続するフェミニズムのために――グローバリゼーションと「第二の近代」を生き抜く理論へ』有斐閣、二〇二二年、一七ページ

(19) 前掲『おまえが決めるな!』九六ページ
(20)「女性学年報」第三十二号、日本女性学研究会「女性学年報」編集委員会、二〇一一年
(21) 金糖望/飯田伊代/青野陽子ほか「座談会 女性センターで働いて」、同誌三一―二二ページ
(22) 片山生子/松本澄子/竹井恵美子/鈴木彩加/荒木菜穂/古沢加奈/桂容子「座談会 利用者の立場から語る女性センター」、同誌六四―八九ページ
(23) 久田恵編著『女のネットワーキング――女のグループ全国ガイド』学陽書房、一九八七年
(24) 同書七ページ
(25) 井上輝子『女性学とその周辺』勁草書房、一九八〇年、iページ
(26) 同書vページ
(27) 天野正子「差異を交流の契機に――サークルとしての「初期」女性学研究会」、女性学研究会編著『女性学をつなぐ――女性学研究会アーカイブ』所収、新水社、二〇〇九年、一一ページ
(28) 六坂安美「わたしも一歩を踏み出しました」「女から女たちへ」第五十四号、ウルフの会、一九八八年、一六ページ
(29) ぐるーぷBAOO「かしまし座談会 カーニバルは政治運動ではないの? 政治と文化」、ぐるーぷBAOO「おんながおんなと組むとき――女女女カーニバルレポート」ぐるーぷBAOO、一九八二年(溝口明代/佐伯洋子/三木草子編『資料 日本ウーマン・リブ史Ⅲ』所収、松香堂書店、一九九五年、三四九ページ)
(30) 同記事三四九ページ

(31) 三木草子／佐伯洋子／舟本恵美／吉清一江「『女・エロス創刊』メンバー座談会 あのエロスに満ちた日々よ！」、女たちの現在（いま）を問う会編『全共闘からリブへ 1968.1-1975.12』（「銃後史ノート戦後篇」第八巻）所収、インパクト出版会、一九九六年、二九六ページ
(32) ぐるーぷBAOO「かしまし座談会 やさしさについて」、前掲『資料 日本ウーマン・リブ史Ⅲ』三五〇ページ
(33) 山上千恵子「共感をよぶ「女・女・女カーニバル'81レポート」」「女から女たちへ」第四十三号、ウルフの会、一九八三年、一四ページ
(34) スーザン・ファルーディ『バックラッシュ――逆襲される女たち』伊藤由紀子／加藤真樹子訳、新潮社、一九九四年、二〇ページ
(35) 江原由美子／大橋由香子「浸透したがゆえの伝わらなさ――ガンバリズムからコントロールできないものの価値へ」、インパクト出版会編「インパクション」第百十七号、インパクト出版会、二〇〇〇年、一八―二〇ページ
(36) 江原由美子『ジェンダー秩序』勁草書房、二〇〇一年、四一六―四一七ページ
(37) 伊藤公雄／海妻径子「メンズリブと歴史認識――近代の病としての男らしさ、その克服のために」「情況 第三期」二〇〇四年十一月号、情況出版、九四ページ
(38) 前掲『フェミニズムはみんなのもの』一三ページ
(39) 河野貴代美『わたしを生きる知恵――80歳のフェミニストカウンセラーからあなたへ』三一書房、二〇一八年、四ページ

(40) シェア・ハイト『なぜ女は女が嫌いなのか――もっと上手につきあう知恵』石渡利康訳、祥伝社、一九九九年、一三三ページ
(41) ベル・フックス『ベル・フックスの「フェミニズム理論」――周辺から中心へ』野﨑佐和／毛塚翠訳、あけび書房、二〇一七年、七〇ページ
(42) 水島広子『女子の人間関係――整理整頓』サンクチュアリ出版、二〇一四年、二二―二三ページ
(43) 同書二四ページ
(44) 白河桃子『格付けしあう女たち――「女子カースト」の実態』(ポプラ新書)、ポプラ社、二〇一三年、二九ページ
(45) 前掲『なぜ女は女が嫌いなのか』一四八―一四九ページ
(46) 同書一四九ページ
(47) 前掲『格付けしあう女たち』二九―三四ページ
(48) 前掲『女子の人間関係』二九ページ
(49) 同書三四ページ
(50) 上野千鶴子『女ぎらい――ニッポンのミソジニー』紀伊國屋書店、二〇一〇年、二九ページ
(51) 前掲『なぜ女は女が嫌いなのか』二八二ページ
(52) イブ・K・セジウィック『男同士の絆――イギリス文学とホモソーシャルな欲望』上原早苗／亀澤美由紀訳、名古屋大学出版会、二〇〇一年、三〇、二四四ページ
(53) 前掲『女ぎらい』四四ページ

(54) マリア・ミース／C・V・ヴェールホフ／V・ベンホルト＝トムゼン『世界システムと女性』古田睦美／善本裕子訳、藤原書店、一九九五年、五一ページ
(55) 同書五一ページ
(56) 菊地夏野『日本のポストフェミニズム――「女子力」とネオリベラリズム』大月書店、二〇一九年、七四ページ
(57) 同書一五ページ
(58) 同書一四ページ
(59) 同書三六ページ
(60) 同書四六ページ
(61) 同書六三―六四ページ
(62) 同書七二ページ
(63) 同書七五ページ
(64) 同書九六ページ
(65) 前掲『なぜ女が嫌いなのか』七四ページ
(66) アドリエンヌ・リッチ『嘘、秘密、沈黙。――アドリエンヌ・リッチ女性論 1966-1978』大島かおり訳、晶文社、一九八九年、一三五ページ
(67) 前掲『なぜ女は女が嫌いなのか』二八二ページ
(68) 前掲『嘘、秘密、沈黙。』三五五ページ

(69) 同書三五五ページ
(70) 前掲『なぜ女は女が嫌いなのか』五七ページ
(71) アンジェラ・マクロビー『フェミニズムとレジリエンスの政治――ジェンダー、メディア、そして福祉の終焉』田中東子／河野真太郎訳、青土社、二〇二二年、七四ページ
(72) 同書八六ページ
(73) 同書一〇七ページ
(74) 前掲『ベル・フックスの「フェミニズム理論」』七〇ページ
(75) 前掲『フェミニズムはみんなのもの』一六ページ
(76) 同書一六ページ
(77) 前掲『ベル・フックスの「フェミニズム理論」』七一ページ
(78) 同書一〇〇ページ
(79) 前掲『わたしを生きる知恵』一一〇ページ
(80) 栗田隆子『ぼそぼそ声のフェミニズム』作品社、二〇一九年、九七ページ
(81) パトリシア・ヒル・コリンズ／スルマ・ビルゲ『インターセクショナリティ』下地ローレンス吉孝監訳、小原理乃訳、人文書院、二〇二一年、一六ページ
(82) 前掲『持続するフェミニズムのために』一九一ページ
(83) 河野貴代美「差別について」、河野貴代美編著『やわらかいフェミニズム――シスターフッドは今』所収、三一書房、二〇二三年、九三ページ

(84) 前掲『持続するフェミニズムのために』一九三ページ
(85) 前掲「差別について」九四ページ
(86) 石原真衣／下地ローレンス吉孝「討議 インターセクショナルな「ノイズ」を鳴らすために」「現代思想」二〇二二年五月号、青土社、一三ページ
(87) 栗田隆子『呻きから始まる――祈りと行動に関する24の手紙』新教出版社、二〇二二年、一三三ページ
(88) 前掲『インターセクショナリティ』一六ページ
(89) 前掲「討議 インターセクショナルな「ノイズ」を鳴らすために」一〇ページ

第2章　対話、問い直し、フェミニズム

1　女性の活動への関心と縁

フェミニズムの活動に関心をもつ知人たちとの会話で、上野千鶴子が提案する「女縁」がたびたび話題に上った。上野は、既存の「血縁」「地縁」、さらには男性中心的な企業社会の「社縁」とは異なる、女性たちが「ココロザシやタノシミが一致するという契機をつうじて成立する、選択性の高い少人数の対面集団」を「女縁」として評価している。(1)「女縁」とは企業社会で生きる男性たちのような「社縁という「公」から外へ排除されているだけでなく、かつてのような血縁・地縁ネッ

トワークからも疎外されている[2]」女性たちが、その状況から抜け出すために構築した関係性であるという。また、それは、ジェンダー役割のような「過社会化された役割」から「離脱」することが可能な「自由で開放的」な「選択縁」である[3]。

「女縁」は「男性の作り上げる「結社」縁」と違い、「特定のリーダーシップや規約を欠く[4]」が、「明確な組織を欠いた女縁集団には、代表や会長などのフォーマルなリーダーはいないが、言い出しっぺがインフォーマルなリーダーになる[5]」。また、「役員を決めているグループ」でも、「できるだけそこに権威や負担が集中しないような工夫[6]」をしているという。女性の活動グループは行政からのサポートを得る場合もあるが、「行政のヒモつきを脱した女縁」は、「上下関係のない〝平場〟のネットワークに変貌することが多い[7]」という。上野が挙げる「女縁」は、基本的には「メンバーの数が数人から十数人[8]」までの小規模で、「趣味、ライフスタイル、価値観、イデオロギーなど、何らかの目的意識の共有[9]」をしている、「同性・同年齢のピアグループ[10]」、すなわち社会的立場の同質性が比較的高い女性たちによる関係性だった。そのため、女性同士の差異やそれに基づく対立への対処などに重きを置いた概念ではないが、筆者にとって「女縁」を知ることは、ジェンダーに基づくものではないオルタナティブな女性同士の関係性に関心をもつ大きなきっかけになった。

女性としての自分にかけられた呪いへの違和感や怒りを正当に評価するためのツールとして、筆者はフェミニズムと出合った。フェミニズム的な視点に立つ数々の著作、尊敬するフェミニストやフェミニズムの現場との出合いが、女としての「普通」を押し付けられる気持ち悪さから抜け出すすべを教えてくれた。「女縁」やシスターフッドは、そこに具体的な実践への視点を示してくれた。

そこで本章では、日本のフェミニズムの活動のある側面としてそこでの関係性に対するまなざしや工夫に目を向け、筆者自身も関わった日本女性学研究会を中心にこれまでに書き残されたものから、フェミニズムの活動のなかの試行錯誤から得られる、連帯の可能性、もしくは、女性同士の分断に抗うヒントを探っていきたい。

2　平場という関係とその困難

平場の理念のもと、活動するということ

本章では、フェミニズムの実際の活動での平場の維持と、多様な個人がともに活動するための具体的な営みについて、一九七〇年代後半に設立された日本女性学研究会（一九七七年―）の活動を軸に、すでに過去として残されたものになったやりとり（二〇〇〇年前後まで）を中心に、ほかのいくつかのフェミニズム活動も交えて紹介する。ここでのフェミニズムの活動、フェミニズム的活動とは、ジェンダー平等の視点、ジェンダー構造の認識とその変革の視点をもつ動きとして定義する。

主に使用するのはニューズレターに掲載された記事だが、フェミニズム的活動グループでのニュ

ーズレターは、単なる情報発信のためだけでなく、そこでの議論やその背景、各メンバーの個人的な体験などをつづって共有する場にもなっているので、その場でのやりとりがフェミニズム的実践の一側面を示すと考える。

最初に、フェミニズムの活動での平場のあり方について、運営のあり方や理念などの話題を中心にみていきたい。日本女性学研究会は、一九七七年十一月に日本の女性学研究団体の先駆けとして設立された。「いわゆる学会とかアカデミズムに比べればアクティブ」だが、具体的な課題を解決するという運動体ではなく、「実際の活動としては会員個別の、問題関心についての研究会とか講座[11]」をおこなうスタイルをとっている。八〇年代から使用されつづけて現在の会のパンフレットにも記載されている解説に、「女性学は、変革のための一つの方法」「学問と日常生活、理論と実践といった価値の分断をなくし、そのいずれにも根ざした女性解放運動を創り出していくことが、私たちの願い」とあるように、リブの潮流を受け継ぐ政治的活動としての女性学に重きを置いている。具体的な活動としては、女性の身体や仕事、家族、優生保護法や男女雇用機会均等法などの法制度に関する例会や分科会活動、七八年十月の「高学歴女性の就業に関する意識調査」[12]など女性と社会に関する調査、七九年九月に創刊したニューズレター「Voice Of Women」[13]や八〇年十一月に創刊した「女性学年報」などの情報発信に関する活動などが現在に至るまで続いているが、その間、八〇年ごろから会の運営をめぐる議論が活発になった。現在でも、さまざまなテーマでの例会や分科会活動、ニューズレターなどの発行を続けている。[14]筆者は二〇二三年現在、運営委員会のメンバーとして会計を担当している。本章で取り上げるのは、前述の「Voice Of Women」の記事につづられた、会の運営や会員同士の関係性に関する議論や、自分とフェミニズムとの向き合い方に関する会員個人の思いなどである。

平場については、前述のパンフレットでも、「この会では、現在の社会に存在する上下関係や権威構造を否定し、代表者や一切の「長」をおかず、対等な個人の合議制による運営を行っています。私たちはともに語り、考え、行動することによって、私たち自身の、そして社会の変革をめざしています」と記載してある。上野千鶴子は、日本女性学研究会の組織のあり方を「女の組織論」として次のように表現している。まず、「女性学をするのに、ピラミッド型の組織はふさわしくない」「何をしたいかという活動の内容（WHAT）は、どんなスタイルでするか（HOW）ということと、分かちがたく結びついている(15)」として、組織のあり方そのものが活動の政治的意義を示すと述べている。女性同士の平場を作ること自体が男性中心主義的なトップダウン式の組織へのアンチテーゼであり、ジェンダー権力構造への抵抗だったことが、ここでも示されている。また、「やりたい者が集まって、課題ごとの集団を組みながら、その中でももっとも熱意と能力のある者が、リーダーシップをとっていく。そして、リーダーとフォロワーは課題ごとに入れかわる(16)」という「ローリング・ストーン型」の組織を提案している。これは活動への主体的な直接参加と、それに基づく役割形成の原則を伴う。そこでは、「誰も、他の誰をも、代弁も代表もしない」「やりたい人は、やりたくない人を、差別したり、強制したり、蔑視したりしない」「やりたくない人は、やりたい人を、排除したり、妨害したり、逆差別したりしない[17]」などの原則が共有されていた。
「Voice Of Women」の「にせの大同団結より、ちがいのわかる連帯を[18]」という記述にあるとおり、女性間の差異の尊重を前提としている。違いがあることを前提にはしているが、それは、違っていても「共通する部分がある」からともに活動できるということではない。次の記述のように、違いそのものを尊重してそこに生じうる権力関係を注視することが連帯や政治的意義につながるのだという姿勢もまた示されている。

同質性の下にひそむ、異質な差別志向、エリート志向、プロ意識の名のもとにある素人の蔑視、といった危険性が自らにも、そして会員の誰にでも常にあることに気を配らねばならないと思う。差別の上の安住をしないために自省を繰り返してゆくことがフェミニズムの根幹にあるし、この主の代表者なしの並列的組織の生命線であると考える[19]。

草の根のフェミニズムとして、日本女性学研究会以外の活動にもふれておきたい。例えば、同時期に活動を開始した「国際婦人年をきっかけとして行動を起こす女たちの会」(一九七五年一月発足)は、一九八六年二月に「行動する女たちの会」へと名称変更し、九六年十二月に閉会した[20]。七五年の「国際婦人年とそれに続く「国連婦人(女性)の十年」(一九七六―八五年)という時代は、世界的な女性運動の動きが高まり、日本でも「フェミニズムに基づくさまざまな団体ができ、著作が発表され、イベントが開催され[21]」ていた。「国際婦人年をきっかけとして行動を起こす女たちの会」はその名のとおりこの機運のなかで発足した。「七〇年代末には、女性学の学会・研究会も次々に発足」し、日本女性学研究会もその草分け的な会だった。さらには、「「あごら」「女・エロス」などの女性たち自身によるメディア[22]」の発刊も相次いだ。

「行動する女たちの会」では、「公開質問状、教育、労働、メディア、主婦、売春問題、離婚、独身、児童文化、性問題、政策決定、国際」などのさまざまな分科会活動、また「月に一回は、公開の定例会を開いて、会の活動報告や、シンポジウム[23]」などの活動がおこなわれた。

井上輝子によると、「行動する会」はリブの登場を受け、「日頃から夫や同僚の態度や、会社の処遇に憤懣を抱えていた女性たち」が「ウーマン・リブに共感して、それまで当たり前だと思ってあきらめていた差別や抑圧を告発し始める」という空気があるなかでの、「リブに触発された女性たちの集まり[24]」だったという。しかしながら、「若い生活感のない七〇年代初頭のウーマン・リブ運動」とは異なり、「担い手が職業人として、または主婦としての生活経験を有する三十代以上の女性たち」であり、「「大人の知恵」やスキルを持っていた点で」は、一線を画している「生活者版リブ」のような集まりだった[25]。

井上が指摘するこの点は、この会の対等な関係性への意識を考えるうえで大変興味深い。なぜなら、多様な女性の経験の共通性を重視しがちだったリブと比較し、「行動する会」には、多様な経験を経て多様な立場で参加する女性たちの「差異」を現実的なものとして共有しようとする姿勢があったと思われるからである。

「行動する会」の組織は、リブの影響を受けて「ピラミッド型の組織をつくらず、出入り自由な「平場」の関係を保つ組織形態[26]」を有し、「リーダーはおかず、平場の関係性にこだわった[27]」。この、代表を決めず直接参加を前提にした平場は、「ベ平連の運動がある程度参考になった」が、男社会のそれらとは異なる「新たな平場」が目指された[28]。ベ平連（ベトナムに平和を！市民連合）は、一九六五年に発足した反戦市民運動とそのネットワークである。その活動のなかの「言い出しっぺの原則[29]」と呼ばれていた原則に影響を受けたものだと思われる。ちなみに、この点は前述の日本女性学研究会の原則にも共通している。

「行動する会」では、当初は、「みんな「ただの女」、つまり平場であり、対等の関係ということで、それぞれの思いが語れるし、それが大切だし、いちばん力になるのでは」と平場が意識的に志向されたが、「二、三年たつと、行動する会では平場がふつうになっていた[30]」。「行動する会」に限らず、「女の分断を連帯に」という合い言葉とともに、会の外部でもいたるところで取り入れられ、北京会議前後には、こうした運動方式は女の運動の常識にさえなっていた[31]」という。平場とは、社会によってさまざまな立場に分断され、価値づけされ、対等に向き合うことを困難にされた女性たちが、ともに社会を問い直すことを可能にする仕組みだったといえる。

「行動する会」の平場の位置づけをみていくと、「ピラミッド型の組織原則に拘束され」ず、「やる気のある人には実に新鮮で、新しい活力の源泉であった[32]」という記述があるように、平場は活動に力を与えるものだった。また、「自主性を活かし、時を逃さない迅速な活動を行うには最も有効」であり、かつ「個々の女性が、自らの問題を自らの手で告発し、あるべき姿を提示していく」ために、「流動的だが、誰でも自由に参加でき、短期間に多様な運動を展開することができ」るというスタイルが「会の外部の人たちとのゆるやかな連帯」を作るのにも適していたという実際の活動上のメリットもあった(33)。機関誌「行動する女」（一九八六―九六年）の以下の記述のように、平場は会のアイデンティティとして愛され共有されていた。

私がこの会が好きなのは、民主的な（あるいはアナーキーな）運動体だからである。（略）重要なことは全会員にオープンになっている全体会によって議論され、そこでは一人一人が対等だ(34)。

さらには、こうした平場に参加する経験は、信頼できる仲間と出会えたという経験にもなり、それによって個人がエンパワメントされることもあった。それぞれのメンバーが力を得られた実感はまた、活動そのものの活性化にもつながった。

ここでは共通の基盤で話の通じ合う仲間が見つかり、自分が決して一人ではないという確信が持てるようになった(35)。

こういう事を話して解かる友達が周りにいない。みんなと会話がしたいし、自分の生存のために必要な場であり、自分自身の確認の場でもある。会の存続のために出来る限り努力したい。(36)

ここでの平場は、男性中心主義的な社会によって分断され力を奪われた女性たちが、自分の言いたいことを言い、それを聞いてもらえる仲間と出会い、生きる自信をもてるようになる場だということがわかる。多様な女性が直接参加で関わる平場の組織は、個人的なことは政治的であるという第二波フェミニズムのテーゼとも一致し、多様な女性がそれぞれに経験を共有し、議論し、生身の個人として関わり合う政治的な場としての意味をもった。

山口智美によると、「行動する会」は「十代から八十代まで、さまざまな世代や立場の女たちがいた行動する会だったが、入りたての若い会員でも発言や活動がしやすい状況だったと語る元会員は多い」という。また、「多様なテーマに関して、具体的な行動をすすめていくため、会は分科会システムを導入し（略）会員はどの分科会やグループにいくつ属してもよく、またどの行動に加わるのも自由だった」(37)。さらに、分科会やグループは「誰でも自由に提案し、つくることができ」、「それぞれの行動についても、提起した人が呼びかけ人として仲間を募り、責任をもって動くというシステムをとっていた」が、「自由度が高く、敷居が低く、新たなメンバーも入りやすい運動」(38)だったという。

これらの原則は、差異を尊重した対等な、すなわち平場の関係性の構築と、それを実現させるための柔軟な直接参加が、ゆるやかなルールとして共有されていることを示している。言い換えれば、女性間の差異を尊重するとはいえ、そこでの発言権や決定権は基本的には「直接参加」の参加度が高いほうが優先されることになる。それぞれの事情を踏まえ、参加しない権利が保障されるが、同時に、参加度の高い人が企画を進める権利があることを尊重するように求められる。また、「「頭」と「手・足」の役割分担を認めず、誰でも会の運営に直接参加できる(39)」、すなわち、自分がどのような事情や意思をもっているかを自分の言葉で伝え、合意形成をおこなうことが原則とされる。自己および他者への責任が果たせる人間が主体になり、「直接民主主義」「率直にホンネの言える人間関係」を「テマヒマかけて(40)」実現させていくことが望まれていた。

平場で生じる力関係①——会の組織に関して

日本女性学研究会は、アカデミズムや専門家の手によるフェミニズムよりも、より多くのさまざまな女性が関わることができる活動を目指していた。そのため、教育や研究の専門性に力を入れる方向性が一部の会員から提示された際は、「教育する立場」と「教育される立場」という上下関係を生み、アカデミズムの領域で権威を得ることがない会員が女性学に取り組む際の抑圧になることが批判された。

発足当初の日本女性学研究会では、実際には大学教員や評論家などのいわゆる社会的権威をもつ人々が理事会として発言しがちだったという。それに対し、「会発足後一年後というごく早い時期から、権威主義的な会の性格に対する批判が、何人もの会員の間から出されていた(41)」といい、本来の会のあり方に関し、「ごく普通の女性達も関り合え、自立・主体性確立を一人ひとりの女性が自分のものにしていく時、はじめて社会的運動体として地につき、しかも永続性のあるものになるだろう(42)」という指摘もあった。

しかしながら、すでにある一般的な社会的地位や権力構造に沿った抑圧が活動内に生じるだけではなく、多様な立場を尊重するゆえの力関係の難しさがあるのも平場の活動の特徴だった。それは、多様な事情や考えをもつ個人同士が同じ場で活動することの難しさであると同時に、先に述べた直接参加に関係する困難でもある。例えば、比較的時間があるメンバーが多くの活動を担うことになり、結果的に運営でイニシアティブをもちがちになる。こういった参加の不平等は、遠方に在住しているなどの物理的な事情で意思決定に関われない会員の不満としても現れた。平等に尊重するかわりに平等な参加を求める平場は、より多く参加できる者に権力を与え、そうでない者の力を奪うジレンマを抱えることになる。尊重すべきものであるはずのメンバー間の差異、「隣の女性」との差異が平場の活動にとっての障害になる。前述の社会的地位の違いに加え、「できる」「できない」をめぐっての偏りは、ときとして不公平感や権力関係を生み出し、平場の前提さえ否定されることにつながりかねない。

しかし、ここで指摘される権力関係は一方的なものではない。なぜなら、立場や事情の差異が活動への参加の違いにつながる問題は、「参加しやすい」メンバーほど実務の負担が増えるという問題と表裏一体だからである。前述の日本女性学研究会での、参加できない者からの参加できる者の力の偏りへの懸念に対しては、反対に、参加できる者への労力の偏りや、参加しない者も現在の体制のもとで思考停止せずに何らかの方法で活動できるのではという反論がなされた。

> 運営システムは、運営に参加する意志と払う労力のある人達のものです。それでは特定の人達に片寄っ《（ママ）》てしまうとおっしゃる方は、一度「意見の偏り」ばかりでなく、「労力の偏り」にも目を向けてみてください（略）「クチしか出せない」遠隔地の会員にも、実はこの自己運営による「場」をその地で持って欲しいというのが私達の最終的な希望です。[43]

そして、次の引用も同じく実務負担の偏りへの懸念だが、ここでは、「融通のきく者」という言葉が使われている。ここでいう「融通のきく者」には、特定の職や地位に就いていない者というニュアンスがある。実際、正規の職をもたない者や学生、主婦など、いわゆる一般的な社会的地位をもたない者が活動の主たる担い手になることが多かった。つまり、活動にあまり参加できない者のほうが社会的地位があり、活動のために汗をかかなくてもいい特権を有しているようにもみえたのである。

つまり時間と労力に融通のきく者のところにしわ寄せがきやすいことになる。あるいは性格的に、完全主義者的な者とか、責任感義務感のものすごく強い者とかということも関係するかもしれない。(44)

これらの問題からみえてくることは、さまざまな事情を抱えたメンバーが活動をしようとする際、会の理念でもある平場を目指そうとしても、どうしてもそこに力関係の偏りやそれに伴う不満が生じるということである。どちらに特権があるかという問題は、立場によって変わってみえるともいえる。差異が生む権力の問題としては些細なこととみなされるかもしれないが、平場であることを大切にしようとする姿勢を突き詰めると、多様な軸の力関係を俎上に載せざるをえなくなる。

平場で生じる力関係②——「女性学年報」の編集をめぐる平場

平場であるがために生じる力関係についてもう一点、より具体的な実践として、日本女性学研究会の研究会誌である「女性学年報」の編集をめぐる関係性について紹介したい。一九八〇年創刊の「女性学年報」(以下、「年報」と略記)は、途中編集体制の変化などを経ながら、二〇二三年現在で第四十三号まで発行している。筆者は〇六年の第二十七号のときに編集長を担当している。担当と述べたが、「年報」では毎号、編集長が持ち回りになっていた(第二十九号以降は業務の負担の集中から編集長のなり手が見つからず、編集長そのものをなくしている)。「年報」では女性学を、「女性の現在ある状況や、その問題点を学問的分野から探りなおし、人間科学の一分野として新しい女性の役割を、女性の人間性尊重の立場から研究しようというもの(45)」と位置づけ、コメント制度をもとに誌面を作る。「年報」に関わる人物は、執筆者、コメンテーター、編集委員、その他の協力者と多岐にわたるが、そこでもまた平場の原則が重視されている。各号に掲載される説明文「めざすもの」には、「わたしたちは「女であること」にはプロもアマもなく、女性学の出発点はまさしくこの「女（わたし）であること」を問い直すことであり、この「わたしからのフェミニズム」こそが、わたしたちの運動の原点であると考えています(46)」とうたっている。また、「学問のための学問」に堕することなく(47)」というように、アカデミズムや専門性を上位に置かない編集が目指されている。

また、「年報」に執筆したりそれを編集したりすることは、単なる研究の発表や会誌の編纂ではなく、「運動」の一環である。それは「わたしたち」「女たち」が「ともに」営む活動だと位置づけられる。そして、「女性学の視点に立った鋭い問題意識や、新たな角度からの分析によって、それぞれの分野に対して影響を与え、読者とともにその変革をこころざすこと(48)」が意識されている。このことは、「日本女性学研究会に所属し、活動するわたしたちが、わたしたちの見方を反映させたメディアを、わたしたちの手でつくる」という原則(49)」と述べているように、「年報」はまさに自分たちのメディアだという認識にもつながっている。それに対し、「わたしたち」のものでないメディアとは、男性中心的なメディアや、大資本に統制された既存のメディアのことである。

自分たちの手によるオルタナティブなメディアという性格に加え、「年報」の大きな特徴として挙げられるのは、編集する側と執筆者がともに掲載原稿を作っていくという「コメント制度」（合評制度）である。「合評制度を女性学的実践ととらえ、執筆者がコメンテーターと協力してよりよい原稿を作り上げていく過程を重視していく」[50]「相手の方といろいろ話し合ったりするでしょ。そんな中にも女性学的実践があるんじゃないか」[51]というように、コメント制度は「年報」の具体的実践として位置づけられている。

もちろん、さまざまな主張をもつ原稿を掲載したり、号ごとに特集を組んだりすること自体が女性学的活動である。しかし、とりわけこのコメント制度は、「年報」に参加する（主に）女性たちが直接に意見をやりとりするという意味で、より動的な活動としての側面をもっている。

上野千鶴子の言葉で説明するならば、「年報」のコメント制度は、「書き手の伝えたいことを、読み手にわかるように伝える表現のしかたをお手伝いするしごと」[52]である。この姿勢は、現在もまったく変わっていない。順調にコメントとリライト作業が進めば、「コメントに助けられて論旨が明快になったり、論文執筆経験のない、あるいは少ない人が論文を完成させたり、自分の思いや人生を活字にすること」[53]が可能になる。

「皆、少しでも内容をよくしたい、という温かい気持ちで執筆者と接していた」[54]「「書きたい人が書きたいことを書ける」ように「支援」し、「一緒につくりあげていく」プロセス」[55]というように、執筆者とコメンテーターが協力して取り組むことがコメント制度の基本的な姿勢だった。その際、両者（あるいは複数のコメンテーター、編集委員、執筆者）の関係性は対等であるべき、とされて、この対等な関係性はしばしば肯定的に評価されていた。

「年報」の編集方針に限らず、誰かが優位にたって判定を下すのではなく、また、独善に陥って突っ走るのでもなく、参加者誰もが平等に発言し、討論し、合意を形成するシステムはＷＳＪ〔日本女性学研究会：引用者注〕の「売り」だと今も思っている。(56)

私にとって「女性学」とは、「対等な関係をめざす実践」である。（略）メンバーが遠慮せずに意見を言い合うのが楽しかった。（略）さっさと作業を進めることよりも、出口の見えない話をすることのほうが私（たち？）には重要だった。(57)

すなわち、「年報」もまた「平場の関係性」を作り出していたのである。

そして、こういった平場の密なやりとりのなか、主張の相違、論考へのコメントを反映するか否か、掲載をめぐる是非、互いのフェミニズム的立場の相違、ある表現を差別的とするかどうかの判断などでさまざまな対立が生じることになる。「年報」には、編集後記や「年報」への思いを語る記事など、「年報」を作るうえでの経験や出来事などをつづったコーナーがあるが、そこでは必ず何かしらの「困難」についてふれてある。

まず、「自分たちの手によるメディア」や「プロ・アマにかかわらず」という理念自体が、場合によっては、関係性をかき乱す。「合評者の理解力、執筆者との信頼関係、また論文についての執筆者の考え方など様々な要因から、どうしても合評がスムーズに進まないことがあります[58]」「自分が書いたものを人からとやかく言われるなんて許せないと思う人、挙げ句の果てには恨み言を何年にもわたって言う人などに出会った[59]」といった言葉にみられるように、コメント制度に付随する関係性の難しさは、「年報」の関係者を常に悩ませていた。

第一には、「プロ・アマにかかわらず」という文言に象徴される、専門性だけを重視しない姿勢から生じる混乱があった。これは専門知識や技術を備えた書き手による客観的な論考よりも、個人の経験から語られる論考の掲載を重視するという姿勢を示している。しかし同時にこのことは、どのような読者にでも読める論考を掲載するということをも意味する。投稿原稿に対してコメンテーターがコメントをつけて執筆者が改稿するという合評制度の目的の第一は、この「誰でも読める読みやすさ」を実現させることである。そのため「合評者がその論文の領域に関する専門知識を持ち合わせていないことは決してマイナスではな[60]」いというのが「年報」としての考え方だった。しかし、「合評者から適切な（専門的な）コメントがもらえないということで、途中、論文を辞退した方[61]」がいたというように、それによる問題も生じていた。やはり専門的な知識をもったコメンテーターを用意してほしいと望む執筆者もいて、そのせいで齟齬が生じることになった。

第二の困難は、執筆者、編集委員、コメンテーターという三者の権力関係から生じた。それぞれの社会的立場の相違がある種の力関係を生み出してしまうのである。

コメントを受けた書き手のなかには、失礼だと怒る人と、ここまでていねいに自分の論文を読んでもらえたのは生まれてはじめてだ、と感激する人との二種類がいた。そして前者は、すでに論文をいくつも発表している人に多かった。[62]

ただし、社会的立場が強い者が弱い者に力を及ぼすケースばかりとはかぎらない。むしろ、次のように、立場の強さを利用して権力を行使しているという理由で、その者たちが批判されるケースもあった。

これには二つの問題があり、執筆者が自らを権威づけることによって（たとえば自分は大学の教員だからと）、合評による書き直しを拒否される場合と、論文に対する批判を自己の全人格に対する批判と誤解され、合評を〝いじめ〟と解釈される場合です。[63]

編集委員もしくはコメンテーターの社会的立場が執筆者のそれよりも弱い場合、査読のような厳しいジャッジではなかったとしても、自らの論考への批判もしくは提案のようなコメントを受けることは、執筆者にとっては納得がいかないことになりうる。また、批判的コメントを「いじめ」と解釈する場合には執筆者は、「強者」としての編集委員会の要求を「弱者」である自分への「攻撃」とみなしているのだが、執筆者の社会的立場が弱いからこそ、この不満が正当化される。

さらに、こうした社会的立場の相違による力関係の緊張感とともに、「合評者は執筆者に対してある種の権力関係に立っていることを自覚しなければならないということです[64]」というように、原稿掲載の決定権をもつ編集委員会やコメンテーターの権力性が問題になることもある。

編集側と執筆者側との権力関係については、「年報」以外の女性学の活動、例えば日本女性学会でも議論の俎上に載せられていて、学会誌「女性学」の第六号でも、以下のようなことが述べられていた。

編集委員会と執筆者、コメンテーターと執筆者の間で、お互いの意思の疎通がうまくいかず、わだかまりを残す場合が大なり小なり毎回おこっている（略）採否を決定するという「権力」を編集委員会が持っているというところに問題の根があるとすれば、それをほんとうに解決することは難しい[65]。

「女性学」では、「編集委員会を開かれたものにするために、多くの会員が積極的に参加してくださるよう呼びかけたい」として会員の積極参加と議論の活発化による解決を求めている。「年報」でも、「コメンテーターが、やがてきびしい審判になる傾向が出てきたこと[66]」というように、決定者としてのコメンテーターが力を行使することの問題点が指摘されている。しかし、実際には、そのような権力が行使できるような体制で「年報」が作られていたわけではなかったという証言もある。

執筆者の一部には、担当者と執筆者との間に、その投稿論文の掲載をめぐって権力関係があると誤解される向きもあるようです。しかし、担当者には、掲載の可否を決定する権限はなく、掲載の可否は編集会議の合議によって決定しています。担当者は、あくまでも投稿論文が読者にとってより分かりやすいものになるようにコメントしているのです。[67]

本来のコメント制度は、権力関係を生まないようにするための仕組みとして作られた。それを確認することで、平場の関係性を保とうという姿勢がここからは垣間見える。編集委員が過剰に権力をもっているというのが誤解で、「コメント制度を通して執筆者と共同作業を[68]」おこなうというシステムなのだと説明することによって問題を解決しようとしているのである。とはいえ、「編集委員やコメンテーターと面識がない人、コメント制度を理解していない人からの投稿が増加してきて[69]」、そういったシステムが十分に理解されないといった問題点も浮き彫りになった。そういった揺れ動く体制のなか、コメンテーターや編集委員が図らずも権力になってしまうことへの不安も指摘されている。

「コメントに沿った書き直しをしなかったら、掲載を見送られるのではないか」という執筆者の不安のために、執筆者とコメンテーターの間に力関係ができてしまうこともあります。執筆者の主張を否定しないために、「なぜそういえるのか、説得力をもって論じてほしい」というコメントを続けることもありますが、それは結局のところ執筆者の考えを否定しているのと同じことになります。(70)

コメンテーター、コメントの取捨選択や掲載の可否を決定するなど、編集委員会が執筆者にとっては必然的に権力になってしまうというジレンマは、執筆者とコメンテーターが「平場の関係性」でいられないことへの懸念として語られる。

平場の関係性を作るのが難しくなり、さらにはそういう関係性を作ること自体を拒否されるということも起こっています。(71)

編集のプロではなく「わたしたち」が自ら作るメディアという性質は、一方で「年報」の編集作業で起こるさまざまな問題をプロではない編集委員だけで抱え込まなければならないという側面ももっていた。日本女性学研究会本体でも懸案事項だった労力の偏り問題は、「年報」発行でも思わぬ軋轢を生んでいたといえる。

編集委員は全員ボランティアである。そのため、「仕事、家事、介護、子育て、研究など掛け持ちでの編集作業はなかなかにハードです(72)」と述べているように、実務上の負担は大きい。また、「投稿希望者は決して減ってはいない、むしろ増えているくらいなのに、編集委員のなり手は減り続けている(73)」という「慢性的なスタッフ不足」という問題もあった。

執筆者と編集サイドで問題が生じるのは、直接的な対話ができないせいである場合も多い。「執筆者と合評者が一堂に会し、論文の主旨、コメントの意図を互いに伝え合うこと」を原則としているにもかかわらず、「遠隔地の場合（略）文書でのやり取りになりがち(74)」だった。「遠隔地の会員からの投稿が増えて、面識がなくなるにつれて、この傾向は強まった(75)」という指摘もある。編集サイドの意図が正しく伝わらないという単純な問題があるだけではなく、多様な個人同士が主張しあい互いを理解しあうということには、多大な労力と時間を必要とすることが、いみじくもここから明らかになる。

対等な関係であることを理想としながらも現実には難しいということは、「年報」の現場でも「実感」として受け止められていた。「もちろん完全なる平場などこの世にあるわけはない。人が二人集まればそこに高低差ができる(76)」。「年報」だけでなく、女性学を取り巻く関係性全般、ひいては社会のすべての関係性に常につきまとう問題である。

立場や参加度の差異は、人種、階級、宗教といった大きなカテゴリーとしての差異に比べれば些細なものかもしれないが、それでも、フェミニズム活動をともにおこなうなかで、その対立は容易に「乗り越え」られるものではなかった。そして日本女性学研究会では、業務委託をおこなうなど直接民主主義の原則を歪めてでもメンバーの運営業務の負担の偏りをなくすという方法を選んだ。「行動する会」は、マンパワーの不足を女性のエンパワメントや自立エンパワーの裏返しと捉え、会の目的に沿った結果だとして解散を選んだ。これらは、根本的に異なる事情をもつ者同士がともに活動することは難しいことを示しているが、ある種の発展的解決ともいえるかもしれない。上下関係をもたない自主的な活動という、理念としての理想的な組織論は、多くのボランタリーな活動団体がそうであるように現実には難しい。しかし、どちらの立場を尊重するか、イチかゼロかの判断ではなく、何らかの妥協や別の枠組みでの解決を目指すという道は、抑圧／被抑圧の関係を生みやすい、わかりあえない、多様な個人がともに権力構造に立ち向かう営みとして記憶に残しておいてもいいのではないかと思うのである。

そして、だからこそ、男性中心主義社会の「常識」を打ち破り、権威を排除し、多様な個人間のコミュニケーションや個人の自主的な実践を重視するあり方の確認が、日本女性学研究会をはじめとする平場では繰り返しすべての会員に向けておこなわれていた。次節では、このコミュニケーションや実践に着目し、そこで示された意義や方法論を探っていきたい。

3 「対話」の工夫と調整

理想論ではない「対話」

　ここまでにみてきたように、各人の事情や差異を尊重される権利を維持したうえで実践的な運営をすることは難しい。だからこそ、日本女性学研究会では、「相互の自由な意見交換や批判の応酬活動」というコミュニケーションの重視や、直接参加と直接民主主義の原則を会員全員が共有することを求めた(77)。

　女性同士が関係性を作って活動をする際に出合う「隣の女性」との差異は、場合によっては同一または類似するカテゴリーに属する女性同士の些細な差異かもしれないが、それでもやはり、そこに互いに相いれない問題や抑圧／被抑圧の関係が生じることもある。そのため、女性の多様性と差異をめぐる議論のなかに位置づける必要がある。そして、差異を尊重して平場を作るという政治的行為のなかにある矛盾と向き合って工夫しつづけることこそがフェミニズム的行為だった。こうした他者との調整を、対話と同意形成の工夫と、自己の問い直しという二つの点から考えていきたい。

　他者の女性の事情も自らの事情も尊重したうえで、各活動のミッションを果たせるように業務をこなすには、常に工夫が必要だ。先にみたような、異なる個人同士がともに活動するという意味での平場の原則を確認し、自分の立場以上に視野を広げること、他者への想像力をもつことには、意識的な努力が必要である。そのため、草の根のフェミニズム的活動では話し合いが何よりも重要なこととして位置づけられている。日本女性学研究会と「行動する会」のニューズレターを通してそれぞれの活動がコミュニケーションをどのように重視していたのかをみてみよう。

まず、これらの活動の基本になる平場とは、対等な、また開かれた対話を繰り返す関係であることがしばしば語られる。

この時期、会にやってきた人は強弱はあっても、表現のしかたに違いはあっても、それぞれが自分の生き方を模索していた。（略）お互い実に率直に物の言える間柄であり、その指摘に「成程言われてみると、その通りだ」と頷けたのは、実に密なコミュニケーションがあったからだろう。[78]

けんかになると（略）いっさい口をきかなくなってしまう（略）かりにもフェミニストたる者はこういうムクレ方をしてはいけない、と私は考えています。フェミニストは男と女の間に、ひいては人と人との間に、開かれた平等な関係を築きたいと願っています。それは力関係ではありません。自分を語り相手を聞き、理解することによってのみ得られる協調関係です。[79]

しかし実際には、活動をめぐるコミュニケーションは「話せばわかる」レベルのきれいごとではすまない。それぞれのメンバーが自身の立ち位置を問われ、ときには批判されるので、非常に労力を要するものだった。多くの女性は自分を被抑圧者だと思って活動に参加していたが実は抑圧者の側面もあったことに気づかされたり、水掛け論や袋小路に陥って対話が進まず疲弊するだけになったりするという事態は、前述のような筆者自身のさまざまな活動の経験のなかでも数えきれないほど生じてきた。

日本女性学研究会以外の草の根のフェミニズムとしてCHOISIRという活動がある。女性の権利としての中絶の選択に関する議論や訴えを目的に一九八九年に設立された活動団体で、九〇年から九六年までミニコミ誌「CHOISIR」を発行していた。[80]この活動もまた、「直接参加」の平場を理想としていた。「CHOISIR」にもそのことを示す投稿が寄せられている。

ここまで自律的で柔軟な集団って初めてだぞと、ことあるごとに感動する。「やりたい人がする」「できる人がする」、そして、「だれも大将にならない」。たったこれだけのことなんだけど、ちゃんとできてる。[81]

CHOISIRでもまた、平場の困難が語られている。スムーズな運営を重視した結果、多様な意見のぶつかりあいや議論を避けるようになったことがメンバー間の齟齬を生み、会の存続を難しくした。意見のぶつかりあい自体は、メンバーの疲弊を生む側面があった。それは、多様な主張の個人がともに活動することの難しさの表れでもあるが、次の記事には、その困難は必要不可欠なものだという認識も語られている。

現実に起こっていることを隠蔽し、諍いのないことが良いことであるとする接し方を、私は善しとしない。亀裂が生じているのなら、どれほどしんどいことであっても、それをきちんと見詰めるのでなければ、他人とのコミュニケーションなどとれないと思っている。しんどさ自体も、しんどさをのり超えたときに獲得する何かがあることも、人とつきあう醍醐味だ。表面上の仲の良さは、ある意味でラクだが、私は望まない。(82)

私は多様な意見が認められる場が欲しいと思ってきました。言葉で言うのは簡単ですが、本当の意味でそれを実現していくのは非常に難しいことです。(略)ほんとにこの場は私にとっては貴重な場だったと思います。でも、そこに関わることがつらくなっている今、そう思いながら関わっていくことって自分にも他人にも嘘をついていることになる。(83)

違いがあることが前提。だから、ぶつかりあう。ときとして、異なる立場の女性間や差異と平場の間に対立も発生する。だからこその、確認と、お互いのポジションを確認しながらの密なコミュニケーションが欠かせない。これらは、話せばわかる、結局は対話が重要だ、という話とは少し異なる。そもそも、何らかの力関係が発生し、対等でない状況での「対話」は、その場のマイノリティの側にとって「暴力的な概念」になる。フェミニズム的対話を可能にするには、「たくさんの準備」を「一つひとつ重ねていく段階(84)」が必要になる。しんどい対話とは、場合によっては自身への批判も受け止めたうえで重ねる時間がかかるプロセスでしかありえない。

多様な立場間の調整は活動の場を維持することとの間にジレンマを生むが、女性間の差異や軋轢を分断の力学に回収されないよう工夫し、話し合い、ぶつかりあう営みは、それ自体が、フェミニズム的理念の実現のための政治的行動だった。そして、ここまでみた活動では、そのジレンマがどうにもできなくなり、かえってメンバーを傷つけたり疲弊するものになったりしたときには、活動を休止するか、会を解体するか、理念に反することであっても異なる方法を取り入れるか、といった柔軟な対応が構築されてきた。

フェミニズム的活動の営みから学んだ、立場が違う者同士の間の力関係を調整するためにまず必要なこととは、何よりも、どのように対話し、ぶつかりあうかということである。それはすなわち、いいこと、しんどいことを含め、たとえそこで自身がもつ抑圧性が指摘されるなどの耳が痛い状況が生じても、それらと冷静に向き合うということでもある。

対話に関する日本女性学研究会の一つの方法は、「代弁の禁止」だった。直接参加の原則の延長線上にあるこのルールは、立場が異なるメンバー間の対話に新たな権力関係を生まないためにも重要なものとされていた。例えば、会でこのような不満が生じそうだという意見に対し、「人の代弁はよそう！(85)」として、誰かの不満を他者が想像で代弁するのではなく、本人がそう感じた際に表明すべきと主張されている。また、筆者が同会で活動するなかでもたびたび、それは代弁であるという指摘や批判をされたことがあった。もっとも、十分に自身で発言できない個人がいる場合は「代弁」が必要な場面は多々ある。「代弁の禁止」は、ある種の自己責任論になりうる危険性もはらんでいることになるが、平場のためのそれはむしろ、安易に代弁しないこと、すなわち、当事者が声を上げることができなかったとしても、少なくとも当事者の事情を理解したり想像したりしたうえで寄り添うことで当事者が声を上げることが可能になるのではないか、と考えるための方法だった。自分が気にくわないことや一方的な意見、正義を通すために、（ときとして架空の）当事者の存在を利用して主張する態度は不誠実なものである。フェミニズム的活動で議論されていた「代弁の禁止」は、単に関係ない人物は声を上げるなという意味ではなく、自身の正しさだけにとらわれたり、強者と弱者のレッテルを貼ったうえで議論したりせず、柔軟な姿勢をもつことを求めているものだった。対話とは簡単なものではないこと、ときとして時間がかかってしんどいものであることが、まずこういったフェミニズムの活動では共有されていた。

ぶつかりあう場こそが女性学の現場

再度「女性学年報」をみてみると、ここでの執筆者と編集サイドとの関係性に困難が生じたときも、それぞれの立場や力関係を絶対化したうえで議論を進める方法はとられていなかった。権力構造や意思疎通の困難がなぜ生じるのかに対して客観的に考える姿勢、また、次項でみるように、自身がその立場によって図らずも権力を有してしまうことについて、双方から繰り返し問い直す姿勢が示されている。

意思疎通の困難さ、「年報」に関わる者同士の力関係、執筆者の主張と編集サイドの主張、場合によっては編集委員間や編集委員とコメンテーターの主張が異なり軋轢が生じることについて、「活発な相互批判のないところからは、建設的な何ものも生まれないのではないでしょうか[86]」という前向きな評価もなされていた。「執筆者と合評者、編集委員会との間で、どのようにして信頼関係を作り上げていくか[87]」「女性学年報編集委員会は、より信頼されるコメントが行えるように、これからも努力していきたいと思います[88]」というように、軋轢の解消のための信頼関係の模索が女性学の発展のために何らかの意味をもつという認識からである。力関係や軋轢は、常にその解決に向けた努力とともに存在してきた。

そして、これらの信頼関係が可能にすることとは、「コメントのやりとりのなかで執筆者がそのテーマに関してより深く洞察がすすみ、担当者の方も学んでいける」「相互作用[89]」である。相互作用とは、「コメントされる側がコメントを受け入れようとする構えも重要である[90]」というように、執筆者のあり方も問われることを意味する。同時に、意思疎通の困難や軋轢に対して、相手を打ち負かすことではなく理解することでその解消を求める姿勢も見て取れる。例えば、次のように関係性の困難の要因の一つを執筆者のあり方に求めながら、その個人への批判ではなく、女性が置かれてきた状況との関係で理解しようとする記述がみられる。

書きたいという思いが強いのに、書き慣れてないというか書き方がわかっていない人や、肩にとても力が入っていて、ちょっとしたことにでも過敏に身構えてしまう人が多いのである。論文を書くということから女性がいかに疎外されてきたのか、身を以て知る思いがした。(91)

また、前述のように、コメント制度で生じるさまざまな出来事が権力関係をはらむために「女性学的」に問題であるという反省は繰り返しなされてきた。しかし、次のように、そもそも「年報」に関わる個人は差別や抑圧に敏感だからこそ生じる軋轢であるという見方もある。

「年報」に書きたい、女性学に書きたいと思う人は、やっぱり核になる思いがあると思うんですよね。それが、トラブルを起こすことと同根の、傷つきやすさとかこだわりとか困難なモノを抱えているというか、だからここに書くっていうのがあって。書くことが癒しになるからね。(92)

軋轢を生む関係性だったとしても、そこで起こっていることに向き合う姿勢こそが女性学的である。「年報」の場を必要とする女性もいる。とはいえ、実際の価値観の相違や軋轢、衝突で誰かが傷つくことは避けられない。そのため、編集委員会の権力性の問題への言及、編集委員会がどのような関係性のなかのどのような立場にあるかという問い直しが繰り返しなされる。それらはしばしば、「今後の課題として編集方針や販売方式などに関して編集委員会や日本女性学研究会のなかで論議していかなければならないと思います[93]」といった解決のための議論の意気込みとともに語られている。「年報」で起こる困難こそが「女性学」的実践につながる。こうした入れ子構造のような問い直しのなかで、「年報」での女性学的実践とはどうあるべきか繰り返し再確認されていることもまた、「年報」の一つの特徴でもある。

平場のための関係性づくり——対話の不可能性と向き合うために

フェミニズムに関する活動、もしくはフェミニズムの理念や思想を共有する活動には、実際の対話の場面でのルールや共通認識があった。それは、第二波フェミニズムで登場した、いわゆるコンシャスネスレイジング（CR）の手法や前述のような互いを尊重した関係作りそのものが政治的だと位置づける理念や方法に基づいたものだった。CRとは、女性たちが「強く内面化している女らしさによる自縄自縛から自由になるため」のグループによる話し合いである[94]。CRでは「発言の是非の判断をしない[95]」対等で自由な話し合いがもたれる。CRは「何よりも変革の場」であり、「すべての人の意見を聞く」という原則が共有された[96]。

こういったCRの考え方は、第二波以降のフェミニズムの草の根的な活動に影響を与えた。筆者自身もさまざまな活動で参考にした「働く女性の全国センター」による活動のためのワークブックでも、「組織をつくり、他の人たちと共に活動し作業をすることは、「正しさ」を押しつけ、誘導することではありません」「今、目の前にいる人と対等ななかまの関係性を作っていく」ことの重要性が理念として述べてある。そのうえで、会議や議論など対話が必要になる場面では、「どんな意見、発言も尊重します」「「私は」を主語に話します」「他の人の発言に対して批判や批評をしない」「「あなたは〜××ですね」とレッテルを貼らない」「「個人」と「問題」とを分けて考える」「人が話しているときに割り込まない」などのルールを提案している。(97)(98)

しかしながら、こうした互いを尊重しあう平場の関係や対話の困難は先にみたとおりである。その困難とは、対等な関係であるべきとする社会正義、さらには日常と直結してそれらを捉えてきたフェミニズムの活動であるゆえのものだった。力関係が生じることを活動運営のためと無視せずにそのつど解決すべきとしてきた姿勢は平場の理念に沿うものではあったが、多様な個人がそれぞれの事情を抱えて活動する場ではその調整や解決は難しく、さまざまな工夫で納得できる決着や妥協点を探して試行錯誤されていた。なかでも最も困難なのは、ある者が別の者の権力や抑圧を指摘し、さまざまな工夫をもってしてもその状況が解決しづらいケースだった。何度も述べているように、多様な事情を抱えたメンバーがともに活動することは、抑圧／被抑圧の関係を避ける姿勢とともに、その関係が一方的でないことをも意識する姿勢が必要になるが、多様な軸で議論することが難しいほどにある抑圧の主張が強いものになった場合には対話は特に困難になる。もっとも、そういった対話が、抑圧の関係を「これぐらい仕方ないもの」として見逃すのであればそれは許されないことだし、差別や被害を伴うカテゴリー間の格差を無視したものであってはならない。だが、それでもなお、前に進むことが難しい場合もある。

例えば、こういった平場の関係性の困難について、二〇一六年の日本フェミニストカウンセリング学会大会で、分科会のなかでワークショップ(99)をおこなったことがあった。そこでは、参加者とともにいくつかの困難の乗り越え方を話し合った。その際、困難の一つとして、前述のような誰かが抑圧者と名指しされた場合の問題、加えて、被抑圧者である立場の個人が、抑圧に対して何らかの対応を求めるケースを想定した。こういったケースでは、求められた対応に応じきれない他者が結果としてより一層の抑圧者とみなされるという困難も生じる。その結果、以下のような「対応策」が挙げられた。そこでは柔軟な活動のあり方、他者の事情への配慮、平場のコミュニケーションが可能になる場作りの重要性がより具体的に示されている。

・平場は百パーセント純粋じゃないと考える、期待値を下げる。
・他人は自分を嫌う自由があると認める、諦める。
・相手の課題は相手に任せる。自分は自分の課題に集中。
・その状況の社会的文脈を分析して距離を置く。
・解決を求めない。

・配慮を求められて重いときは「ごめん、重い」と言う。
・自分の言葉の暴力性にいつも敏感であること。
・リーダーの意見に違和感をもったらできるだけすぐに質問してみる。
・聞く耳をもったメンバーがいる場合は変化の可能性を信じ、問題点を伝え、意見交流をするが、聞いてもらえない場合はグループを去る。
・権力を分散もしくは下げる方法をとる。小さな単位で話し合うとか。
・自分が意見を言っても、仕方なく仕事を引き受けなくてもいいと考える!
・ときには怒る(黙って合わせてばかりではなく)。
・非主張的な人には別の場で話を聞く。
・自分の権力アレルギーを意識する。
・配慮を求める人には、どうしたいか、何がしたいか主張するよう促す。
・意見の違いが出たときこそ平場の意識をもって議論を尽くす。

まず、平場が困難をもつということを共有した際、そのワークショップに参加した、フェミニズム的目的をもったグループに関わる人々に、それらが強い共感をもって受け入れられたことが印象的だった。すなわち平場の困難は、フェミニズム的活動の「あるある」だったということだろう。ワークショップで出されたこれらの「困難に向き合う方法」には、あくまで対等なコミュニケーションを目指す以外にも、いくつかの重要な論点が示されている。一つ目には、これまでもメンバーそれぞれの事情への配慮にたびたび言及してきたが、その前提としての「自他の区別」、二つ目として、自分の立ち位置やできることの範囲を把握するという「自分の理解と尊重」、三つ目に、いまこの場がそういった困難を抱え込み対応するにふさわしいかという「場の把握」が挙げられる。「他人は自分を嫌う自由があると認める、諦める」「相手の課題は相手に任せる。自分は自分の課題に集中」などは、他人には他人の立場があり、自分の思いどおりにはならない、自分が他人に対してできることも限られている、という自他の区別を自覚したあとの相手への尊重が見て取れる。フェミニズムやその活動のメンバーは自分を救ってくれる、排除され差別される自分の苦しみを受け止めて解消してくれるはず、そういった考えは、ある種の女性の多様性を否定したものであるかもしれない。実際には、配慮や尊重が必要であるのは自分だけではなく、ほかのメンバーも別のしんどさを抱えているかもしれない。自分にとってのフェミニズムだけを思っていると、そういった他者への想像力をもてず、場合によっては自身が他者への負担になり、他者の自由を侵害するかもしれない。平場の活動では、そもそも力関係が存在することに違和感をもちがちではあるが、一時的・部分的に誰かがリーダーシップを発揮すべきときはある。「権力アレルギー」という言葉があったが、それらを抑圧と捉えるのであれば実践的な活動は困難になる。しかしながら、抑圧の訴えを、他者を否定して困らせるだけの主張と捉えることや、多様性を履き違えたかたちでしんどいのは誰も同じという喧嘩両成敗的な対応をすることは平場でもフェミニズムでもない。各自が他者と自分は異なる存在という思考をスタート地点とし、調整していく必要がある。

また、「配慮を求められて重いときは「ごめん、重い」と言う」は、自分自身がもつ価値観や責任、できることのキャパシティーを自覚し、自分も相手をも尊重する対応を目指すことを示している。「自分の言葉の暴力性にいつも敏感であること」は、抑圧になりうることへの自覚をもつことだが、それはどのメンバーにも等しく求められる配慮だと思われる。自分が、フェミニズムの活動にふさわしい対応をいつもできるわけではないことを自覚することもまた、フェミニストとしての自分のキャパシティーを知ることに位置づけられるのではないだろうか。そして、その自覚は、次に紹介する自身を問い直すというもう一つの調整の方法とも関係する。さらにこのワークショップでは、「権力を分散もしくは下げる方法をとる。小さな単位で話し合うとか」「非主張的な人には別の場で話を聞く」などは、現状の運営やメンバーでの話し合いでは解決が難しい場合、別の体制や場を考えるなど、柔軟に対応する様子が示されていた。こういった柔軟性もまた、この活動がどこまでの調整をすることができるキャパシティーをもつのかを知ったうえで、そのなかだけで物事を解決しようとせず、開かれた、もしくは適材適所な外部への接続を目指すものといえる。

日本女性学研究会に戻ると、そこではこうした実践に関してさまざまな経験を経たのち、権力や抑圧への指摘がなされた際にそれをハラスメントの発生とその指摘と位置づけ、対応する体制の構築が目指された。ある会員から別の会員に対しておこなわれた行為や、とられた態度が抑圧的だった場合、それは個人間のトラブルではなく平場を基本とする会のなかで問題がある関係が発生したということであり、「「運営会」で熟議の結果、必要な対応を行う場合も」あること、「その他の会員への周知に関しては、直近のVOWの「運営会報告」に、個人情報に留意して、「訴え」があった事実と、場合によってはその内容も掲載」すること、ニューズレターなどの「原稿（投稿）内において、（会員・非会員にかかわらず）個人名を挙げての誹謗中傷・ハラスメントと受けとられうるような文は書かないよう」にすることなどが、「日本女性学研究会宛に、会員間または会員が関与して「ハラスメントを受けました」や「被害を受けました」等の訴えがあった場合の申し合わせ」[100]としてニューズレターに記載された。抑圧や差別は問題だとして、それがクローズドな場でおこなわれ、真相がはっきりしないまま一方を抑圧者とすることは、場合によっては別のレッテルや抑圧を生む可能性がある。問題である抑圧の関係を放置せず、かつ抑圧の指摘が別の誰かを抑圧する非対称なものにならないために、当事者のプライバシーを配慮したうえで、議論が必要だという考えである。抑圧者と名指しされた人物の責任を問うためにも当事者以外の議論は必要だが、平場ゆえにそれは開かれたものになる。喧嘩両成敗のようになる懸念や、プライバシーに配慮するとはいえ対立を表沙汰にすることが当事者への脅迫のようになる危険性も十分に考えられ注意は必要だが、あくまで当事者から抑圧が発生した会のあり方に対する対応を求めた場合のことであり、上部に管理機関などがある会ではなく、すべてのメンバーが対等である会として双方に配慮した判断だった。平場にもかかわらず抑圧的な態度をとる人物がいて権力関係が発生するとしたら解決すべき問題だが、その際にもメンバーそれぞれの多様な立場や事情を考慮した対応を求めることもまた、平場を維持する方法になる。

ちなみに、フェミニズムの活動で重視されてきた対話や同意形成の工夫は、特に社会正義を求めるほかの社会運動にも共通する部分がある。それらの活動にもそもそもフラットな関係性を求める側面があるからだ。吉田忠彦は、「アドボカシーや運動が中心の非営利組織では、組織の規模は小さくフラットで、そのかわり他の組織や人とのゆるやかなネットワークを形成しやすい[101]」と述べる。活動で組織がフラットであることは、個人を尊重し、プロセスを重視した意志決定が可能となり、「合意形成がうまくいけば一体感のある組織をつくりやすく[102]」なるというメリットがある。

また、多くの社会運動は、構成員の直接的参加を求める。西城戸誠は、直接的な参加を志向する傾向について、ハンスペーター・クリージによる社会運動の四類型の一つに挙げられる「政治的社会運動」の組織は、「運動によって得られる利益」を求めて、また、別の型である自助グループやボランティアなどの「自助・利他的活動」の組織は、利益だけではなく「組織に参加し続けること自体のために」「メンバーが組織に関わり続けていることが多い[103]」と述べる。

それぞれの活動にはそれぞれのミッションがあり、また誰かにとって自分らしくいられる居場所になっている場合もあるかもしれない。フェミニズムの活動では、平場の実現はそういった場作りであると同時に、その作業そのものが政治である位置づけがより強いのではないかと考える。なぜなら、女性という枠組みをもって社会の権力構造に抵抗する活動で「女性」とは誰かを問うことは、多様な女性がともに活動するうえで常に求められていて、個人的なことは政治的なこと、というように生きることと密接に結び付いた活動だからだ。

しかし、繰り返すように、こうした運営の工夫や対話、同意形成のルール作りだけでは、多様な個人がともに尊重され活動できる場を作ることは難しい。個人がそれぞれ理念としての平場に賛同していたとしても、置かれている立場やその背景が異なるために、無意識に他者に対して差別や抑圧的な態度を示している可能性もある。フェミニズムは、女性たち自身のなかにあるジェンダーの意識を問い直すものでもあったが、活動のなかでも、それらは常に求められていたのだった。

それは、以下のような、異なる立場の女性と簡単にはわかりあえないことを前提とした意思確認やたゆまぬ努力で平場を構築しようとする姿勢にも表れている。

わかんないことには「わかんない」って言うし、わかることには「わかる」って言う。で、なにより、お互いをわかろうとする気持ちがある（と私には思える）から、「なんとか伝えよう」って気になる。（略）「簡単にわかりあえる」なんてことは信じていないけれど、「きっとわかりあえる」とそれぞれが信じ、それぞれが努力しているのだということを、お互いが知っている。[104]

フェミニズムの活動での多様な個人の調整は、対話や意思決定の仕組み作りだけでなく、諸個人が他者との関係のなかで自身の立ち位置や自分とは誰かを常に問い直す営みをも必要としている。

4 他者との対話、自己との対話

フェミニズムと自己

草の根のフェミニズム的活動グループでの多様な他者と関係するという営みは、活動の方法や理念、ルール作りだけでなく、そこで活動に関わるメンバーが語るフェミニズム、女性、他者への思いにも表れている。そして、そういった思いはしばしば、自分はどういう立場なのか、自分は何を求めているのか、という自分と向き合い、問い直す作業として立ち現れる。それはまず、女性であることで経験する理不尽やそれらによる不快の思いを、仕方ない、と諦めていた自分から、立ち向かっていくことが可能であり、共闘する仲間がいるという気づきやそれによる心強さの獲得という、いわばフェミニズム的主体への自己の変化として現れる。

「その場にいることで連帯感を感じることができた」[105]という実感や、十周年記念シンポジウムに「思い切って」参加したという会員の、「生れて初めてマイクを手に持った（略）私の閉ざし切っていたこころがひらけ（略）素直にこれまでなかった軽い気持ち」[106]をもったという表現からは、それらの連帯から得た心強さが感じられる。

しかし同時に、ここまでに何度も述べているように、ともに活動する仲間であってもその立場や考え方が同じであるとはかぎらない。そういった自身とは異なる他者との関係をきっかけに、自分のなかの思い込みやときとして信念までも改めて、自己のあり方を柔軟に変えていく、そんな経験もまた複数示されている。これらを、他者との差異を調整しながらフェミニズム的実践をおこなう際の対話の模索に続く重要な営みとして位置づけたい。

本節では引き続き、日本女性学研究会とCHOISIRの活動のニューズレターから、活動での自己と他者の関係について語られたものを紹介する。まずCHOISIRのフェミニズム活動での女性の捉え方について、あるメンバーからは、日本女性学研究会や「行動する会」同様に、女性を一枚岩として捉えるフェミニズムのあり方を批判し、多様な女性を前提にする視点が示されていた。

世の中には「女」というカテゴリーの中に、すべてを押し込めて考えるには、無理なことが多すぎるのだ。いろいろな現実を知れば知るほどそう思う。だけど、女性問題一筋でやってきている人たちの中には、そんな簡単なことも見えなくなっている人たちが多いんだよねぇ。[107]

おそらくこういった認識は活動のなかでの実感に基づくものであり、そのため、女性だからわかりあえることよりも、自分とは異なる考え方とどう折り合いをつけるかが重要なこととして多く語られることになるのだろう。活動を通じて生じる自己の変化とは、社会について、それまでとは異なった視点でみることができるようになったこと、また、他者とのコミュニケーションを経験することで、自分自身をも客観的に問い直すことが可能になったこと、と言い換えることができる。自分自身では理解することができなかった自分、自分の知らない自分を、新しい異なった視点でみることが可能になったことによる変化である。

> 何よりも話し合えば話し合うほど豊かになれる場だったと思う。ひとりでいてはできない自己変革の場だった[108]。

> 人との出会いは、この上なく楽しい。（略）「日本女性学研究会は、私をもっといい女にしてくれる[109]」

自己を問い直すフェミニズム、フェミニズムを問い直す自己

同時に、互いに等しく尊重しあう自主的な場で、自分とは異なる他者と関係するということは、自分自身の視点や価値観が自明のものではなく、他者の立場から問い直されると知ることでもある。そしてそれは、自らが思うフェミニズムを問い直すことでもある。フェミニズムを問うとはどういうことか。それは、自己を問い直すこと、他者を問い直すこと、「女」を問い直すこと、そしてそこにある抑圧／被抑圧の関係を問い直すことでもある。

平場の活動を実践するにあたり、とりわけて立場や事情が異なる他者について「わかったふう

に」語ることをすれば、それらへの他者の反応によって、自らの「当たり前」や思い込みが揺さぶられることになる。前述の代弁の禁止の意味もまた、自身の視点から、相手の立場を一方的に決めつけ、代わって語るという意味で、それが傲慢で誤った行動だという認識をもつためのルールだった。例えば、「「かわいそうな他人」を救ってあげる運動のウソッパチ」[110]という記述は、他人に対して「こうであるはず」と決めつけるフェミニズムのあり方を断罪している。

また、自身がフェミニズム的であるかどうかの問いからその答えを導き出す様子も残されている。会の十周年記念例会の司会に関するエピソードでは、「総合司会者の権威（？）を隠れみのに」自分の一方的な思いだけでの進行をしたと感じ、「参加者みんなの時間と場を」奪い、「上下関係を無理強い」するという「非フェミニズム的な」行動をしてしまったことへの反省が語られている。[111]そこでは、「自らの意見や行動を胸にしまいこんで」ということへの反省と、フラットで開かれた場作りや「それを貫くフェミニズムの水平的精神を、自分のものとし実現できること」を目指すこと、「フェミニズム的な人間関係の楽しさ・自由さを知っているだけに、ヤメラレマセン」[112]という、活動への思いも示されている。

日本女性学研究会では、多様な個人間に対立や齟齬が生じた場合、先に述べたようなさまざまなルールに基づいて対等なコミュニケーションによって解決することを目指していた。権力関係やしんどい作業の負担の偏りなどを議論する際にも、一方的にレッテルを貼るのではなく、また代弁するのでもなく、多様な現実や側面をみて考えることが示されていた。言い換えれば、活動は、自分の背景には何があり、どの立ち位置から他者と向き合っているのかという自己のポジショナリティ、立場性を問い直す場にもなっていた。

さまざまな女性たちの生き方に出会い、共感し、反発し、感情的にもなり、自分の生き方そのものも揺さぶられることもよくあった。そしてその結果としていろんな差異を受け止めることを学んだ(113)。

ニューズレターへの投稿のなかで会員が関心をもつ問題の多くは、気持ちが通じ合う「同じ女」であることではなく、自分が「どのような女」(あるいは「男」)として活動に関わるのか、に関する事柄だった。自分がどのような女なのかという関心のもと、女性としての同一性に基づく立場性を前提にするのではなく、他者との関係でそれを問い直す作業がされる。

直接参加の原則をめぐるさまざまな立場の女性間の衝突の際、それぞれの個人に生じていることは、何らかの事情で自主的な活動が積極的にできない者にとっては、後ろめたさと被抑圧的感情であり、積極的に活動する者にとっては、業務の負担がのしかかるなかの平場への困惑と、こちらもまた被抑圧者的感情である。その結果、それらを抱え込むのではなく明らかにして業務のあり方を見直すための解決方法が目指されることになる。それぞれの立場で、力関係からのしんどさが示されていたが、それらが明らかになる過程で、自分が認識するものとは異なる力関係の存在を知り、相手の否定ではなく調整に向かうことになったのかもしれない。CHOISIRでも、フェミニズム的活動と関わる際、自分のなかの問題がある部分が牽制されるという効果を実感するようにして自己の変化が語られている。

なにかというとすぐ人の上に立ちたがる性格だから、その性格の〝あぶなさ〟があらわれた時、正確に警報装置が鳴るCHOISIRのシステムっていうのは、とてもうれしい。ずいぶん、自分のあやうさが見えたし、「こういう方向に自分を変えればいいんだ」っていうのもだんだんわかってきたし（すっぱり変わったわけでは、もちろんない）(114)。

自分と相手は異なる存在、と認識したうえで、自分への反省を柔軟におこない、相手をも問い、わかりあうためにおこなう丁寧な対話は一筋縄ではいかない。関係性のなかでの問い直しの作業は、女性にもフェミニズムにも自己同一化することなく、その距離感のなかに政治を見いだす作業でもあった。自分自身の立ち位置を常に確認し、たとえフェミニズムであっても常に正しいとはかぎらないことを意識し、そのうえで自分なりのフェミニズムを探るという政治がそこにはあったのではないか。

そういった作業のなかでも、自身がもつ特権性と向き合うことは、多様な事情をもつ者同士が平場の活動をするなかで重要なものに位置づけられる。先の「「かわいそうな他人」を救ってあげる運動のウソッパチ[115]」に続く投稿では、特権が指摘された際、それに反論するために「「かわいそうな私」を仕立て上げる[116]」態度によって被害者性を強調してしまうことへの懸念が語られていた。フェミニズムのなかにいる自分自身は、社会の被害者であるだけでなく、他者との置かれている状況の違いからくる「特権階級」の側面もある。それを否定してしまわず、すなわちその現実を見つめながら、ジェンダー構造に対してはたらきかける主体であることの重要性をここでは述べている。もちろん、「代弁の禁止」もこういった姿勢の延長線上にある。

次の「CHOISIR」の引用では、女性差別的だとされた現象に、どう差別的かが理解できないと言った結果、周囲のフェミニストだろう女性たちから批判されたというある女性の声と出会った経験から、自身がフェミニズムを再考する様子を描いている。この書き手は、何か思いがあって運動に参加しようとしている女性に対し、フェミニズムの「当たり前」でジャッジする空気について、そこにある排他性と権力性を批判する。

モヤモヤを何とかしたいと、自ら「運動」に近づいてきた人に、伝える言葉はなかったのだ。みんながきっと、それぞれのモヤモヤをもっている。誰でも最初はそこから始まる。そのモヤモヤにしか訴えることはできないのだから、モヤモヤに見合った言葉が必要だし、モヤモヤが言い出せない雰囲気や、モヤモヤを口に出したら責められるなんて、そんなのウソだ。[117]

フェミニズムの活動自体が想像力や柔軟さを失い、固定的な視点をもってしまうことについて、次の別の投稿では、フェミニズムの場で批判を忌避する傾向がもつ問題点に言及している。多様な個人が互いの立場や事情を尊重して議論する平場の草の根フェミニズム的活動の意義を再確認する意図が示された文章ではあるが、同時に、そうなってしまった背景にもまた、主張的でない女性規範やフェミニズムが置かれている状況というジェンダー的問題があることが言及されている。

今、批判しあうことを恐れてはいけない。（略）おそらくそれは、「批判＝その人そのものに対する攻撃・否定」と考えるパターンを好むと好まざるとに拘らず多くの女達が身につけてきたからだろう。そしてまた、理解者が少ない中での「内輪の者への」批判は、それ自体が「利敵行為」ではないかという恐れを生むからによるのだろう。しかし、そうした思考方法自体を女達のなかで突き崩していかないことには私たちは出会う事すらできないのだ。(118)

他者である女性の言動に対するその背景への想像と、根本には社会問題があることを念頭に置いた議論を続けていく必要がある。ミニコミに残された草の根のフェミニズムの議論では、たとえ何かを批判する文脈であっても、正義か不正義か、強者か弱者か、単純なレッテルを貼ることや、代弁やジャッジに相互批判しながら、想像力をもって論じることが多々ある。日本女性学研究会でも、フェミニズムが陥りがちな硬直した姿勢や、例えばフェミニズムに深くふれてこなかった人に対して生じがちな上から目線の特権性は常に意識されていた。しかしながら、問い直しの理想とともに、自分と他者は異なるため理解しあうことは難しいという認識もしばしば示されていた。

わかりあえないという自覚と自省

「女性学年報」の編集の過程でも、執筆者、コメンテーター、編集員、協力者とさまざまな立場から、それぞれのフェミニズムが場合によってはぶつかりあいながら作業していた。「ある人にとっては女性学・フェミの「譲れない部分」が、他の人にとっては、むしろそれこそが進行するには壁になると思われるかもしれず、往々にして出口の見えないような議論にな」るが、「どうにかこうにか対話を続け、解決もしくはそのときの最大限の納得できる地点を見出すことが、女性学が多様性を持ち続けることに他ならない」[119]と、コミュニケーションの重要さが示されている。しかしここでもまた、「言いたいことはきちっと言わなければならない、でも言葉を選ばないと伝わらない」[120]「編集・事務仕事を通じて、言いたいことを言える場を機能させることがいかに大変かを知りました」[121]「理念に関する議論と、時間に追われる作業を両立させるのってなかなか困難なんだなぁ、ということ」[122]と、その対話の困難さも多く語られている。

そうした、異なった複数の「わたし」たちを、誰かを切り捨てることなく、できるだけ調整していくことは、多大な労力を要するものである。そのうえで、「さまざまな「ぶつかり」のなかで、わたしが得た最大の教訓は「どんなに関わりを積み重ねてもわかりあえないことがある」ということ」[123]と語られるように、完全な理解は不可能だ、「「理解している、理解されている」という錯覚をもたない」[124]という姿勢も示されていた。

このように、フェミニズムの活動に参加するなかで、自分自身の問い直しや、わかりあうためにはどうすべきかをいくら試行錯誤しても、どうしても理解しあえない事態も生じる。日本女性学研究会での、抑圧的で教条主義的なフェミニストへの批判はこれまで紹介した組織に関する議論でも示されていたが、それだけではなく、距離を保って自分なりの活動をする様子もみられる。

例えば、研究会の一部会員が「特権階級」的であることへの疑問に関する投稿だが、会員向けのニューズレターの投稿にもかかわらず、会を美化せずに居心地の悪さを正直に述べている。

女性学研究会に初めて参加した時、エリート女性の集まりに見えたが、何回か参加してみてやはりそう思う。正直なところ居心地が悪い。[125]

この場合も、「エリート」の立場にある人々に理解をもつ様子こそ描かれていないが、「かわいそうな私」の投稿と同じく、そういった状況での自分を問い直し、その結果、自分自身のなかにもある抑圧性への気づきが示されている。

他人をも自分のレベルにひきずりおろしたい衝動に駆られており、ついでに更に被抑圧度の高

い人たちに理解を示して、己れの居場所を居心地よくしたいだけなのかもしれない。(126)

抑圧的な立場にいる人たちも抑圧される立場になってほしいという自身の願望とともに、自分よりもさらに抑圧される立場である人々に理解を示すことに快を感じる自分がもつ抑圧性への気づきと反省がここでは見て取れる。すなわち、非エリートに対して抑圧的な、エリートフェミニストの立場性を指摘するとともに、被抑圧的な自己の立場性がもたらす別の他者への抑圧と、被抑圧的状況のなかにも見いだせる自己の特権性を肯定する様子とが描かれている。

また、フェミニズム活動のなかの、セクシュアルマイノリティへの無自覚な態度や抑圧性を批判した投稿もみられる。次の引用では、ヘテロセクシュアル女性によるフェミニズムが、ジェンダー構造を変革する主体としてレズビアンに期待する様子が当事者への抑圧になることを批判的に述べている。

〈こうあるべきレズビアン像〉を期待されることに敏感になっているからです。(略)唾を掛けられるのも持ち上げられるのも、「男社会に風穴を開けるのは女です」って男が言うのと同じ原理。もてはやされて、〈良い子〉にさせられるのはことさら危険を感じます。(127)

この批判は、非ヘテロセクシュアルの女性に対する異性愛社会を否定すべきだという、フェミニズムの「正しさ」の押し付けと、それを押し付けうる特権的立場にあることにフェミニズムが無自覚であることに基づくものだった。インターセクショナリティの議論でも繰り返し言及される、フェミニズムがマイノリティ女性に対する抑圧者である自覚をもつことを呼びかける声でもある。しかしここでは、そういったフェミニズムがもつ抑圧性を主語とする大きな批判として語られるのではなく、まず自分がどう感じたかということが出発点になっている。そして、違和感や批判と同時に、性別に基づく権力構造の変革の主体になるという期待に、自分自身も「合わせそうになる」「もどかしさ」としてフェミニストとしての自己の立場性を問い直している。

ゴメンだね、と思いながら〈良い子〉像に合わせそうになる自分をときどき発見しますから。（略）わたしのフェミニズムはそのもどかしさから始まっています。(128)

フェミニズムが特権性や教条主義を有し、自らの立場性に無自覚であることから生じる期待の要素を、レズビアンである自らもまた内面化している。フェミニズムにとっての他者と、当事者である自己という二つの視点から自己を問い直す、「もどかしさ」がここには示されていた。もっともこれは、フェミニズム活動の側の無自覚さへの批判を薄れさせるものではない。ただし、自分を主語に複数の視点で語られるなかから、平場の困難への一つの向き合い方を示しているといえる。

CHOISIRでもまた、フェミニズムの立場から主張したり行動したりするにあたり、社会の「被害者」という立場からだけでいいのか、問い直すメンバーの記述がみられる。

自分を「被害者」としてその被害を告発するという立場に固執するのではなく、「被害者」である自分自身もまた、その制度のなかで他者に対しては「加害者」であるという認識の仕方は、必然的に、女である自分が現実の社会にあってどのような位置にいるのかということに無関心でいさせないし、社会に対する見方を自分たち自身の手で造りあげる作業を伴うものとなる。[129]

ここで述べているのは、多様な他者との関係のなかで、自身の行動を位置づける重要性である。先ほどの「居心地の悪さ」や「良い子」の投稿もこちらも、被害者、被抑圧者である側が、自身の加害者性、抑圧者性と向き合う様子が示されている。現実に、ある物事については自身が抑圧される側、差別される側でありながら、別の誰かに対しては特権的な地位にいることはしばしば起こりうる。そして、そこでの抑圧の仕組みをインターセクショナルな視点から批判する場合、こういった自覚が意味をもつことも大いにある。とはいえ、こういった姿勢を手放しで礼賛することもまた危険を伴う。被害者、被抑圧者側にそういう姿勢を誰が求めていい立場にあるのか。もし自身に抑圧する側である自覚がないまま被抑圧者に視点の複数性を求めるならば、身勝手にほかならない。また、複数性の要求はそれ自体が暴力にもなりうる。その場の対話での力関係によっては、相互の加害性を持ち出すことで、被害者が沈黙させられるということも生じうる。

そのうえで、抑圧／被抑圧の構造を正しく明らかにし、それへの抵抗の方法を模索する際の営みとして、本人が選んだものとしての自己の問い直しがもつ政治性は意義があると考えたい。なぜなら、複数の視点からみてはじめて他者のこと、自身のことを知ることができるケースも十分にあると考えるからである。また、本来、「一つの軸で差別の対象となり得るという社会的地位は、他の軸で差別を受けないという地位によって相殺されたり消去されたりはしない[130]」というように、それぞれの被害者性も加害者性も、お互いを相殺するものではないはずである。

さらに、自身の立ち位置を複眼的に知って考えることは、次のように、男女の強固な二分法だけでフェミニズムを語ることへの疑問にもつながる。

主体となるのはあくまでも「個」であり、語られなければならないことは「関係性」の問題に終始するということだ。「女は／男は」と言っているうちは、すべてをそれに委ねて本質を見失っているような気がしてならない。

それに、「女は／男は」っていう文脈でお話をすすめると、どうしても「女＝被害者／男＝加害者」っていうことになってきちゃって、「あたしったら被害者なの。ヨヨヨ」っつースタンスをとらざるを得ない[131]。

フェミニストである者とそうでない者、抑圧者としての男性と被抑圧者としての女性を分断するのではなく、フェミニズム的視点で物事を考える際、自分と異なる立場の他者の視点を交える。このことは、他者の代弁ではなく、フェミニズムによる社会構造の理解を媒介にした他者の視点への想像力である。ここでは個人の語りを持ち寄ったが、このような視点の複数性という方法論はフェミニズム活動では無意識に日常的におこなわれて、活動のあり方に柔軟性をもたせていたといえる。すべての会員が最初から複数の視点や方法論を持ち合わせているわけではなく、それは他者との関係性のなかで構築されていくものだった。柔軟な視点や、複数の立場性を考慮しながら他者と関係していくことは、完成されたフェミニズム的方法論として存在しているわけではなく、他者との議論や対話を通じ、他者との関係性の模索のなかで示されるものだった。

異なる他者との関係、自分が抑圧者であるかもしれない不快を乗り越えて自己を柔軟に変革させて関係を構築することの意義は大きい。しかしながら、どちらが抑圧者か被抑圧者かが簡単には決まらない場合、立場性の自覚と調整はより一層複雑なものになり、ときとして衝突や消耗を伴うものになる。

また、前述の「居心地の悪さ」「怖い人たち」という表現が活動を継続する意思があるメンバーから発せられていることとは、ともに活動し「連帯」することとは、ともにいる他者たちのすべてを受け入れないといけないわけではないことをも意味しているのではないか。実は、この文章は書き手が会を去る覚悟で会での違和感を書き残したものであり、「嫌われてもいい」と思って記したものだったとのちの対話や「女性学年報」に寄せた文[132]のなかで語っていた。ところが、この投稿が誌面に載ったあと、予想外に、特に運営に携わる人々に受け入れられ、「自分たちが薄々考えていたこと、なんとなく思っていたことに先鞭をつけた文章だ」と言われて、歓迎された。書き手はこれらの共感に驚き、認識を変え、会での活動を継続するに至ったという。抑圧や被抑圧の実感を語ることは必ずしも簡単なことではない。各自が少しずつそれらを表明し、共感されながら活動が続くという平場がそこにはあったのではないか。他者を尊重し、自身をも尊重するという平場は、言い換えれば自他の境界や区別をしっかり自覚したうえで成り立つものだったといえるかもしれない。

フェミニズムの問い直しで示されていたこと、さらに必要なこと

フェミニズムのもとでの多様な個人の調整には、対話の困難を少しでもなくすためのスキルや方法論のための努力とともに、他者と向き合う自己の問い直しが重要になる。それにはまず、他者の立場性を固定化して、一方的に問い直しを求める批判ではなく、そのベクトルや重層性、状況によって変化しうるという可変性（「加害者」であると同時に「被害者」であるということ）の関連を問い直す実践が必要になる。同時に、自分自身とフェミニズムとの葛藤とも柔軟に向き合うことが求められる。フェミニズムと自己との葛藤とは、フェミニズム的に正しいとされる生き方と、自分自身の生き方との隔たりによる葛藤である。これらの葛藤を通じ、一つの正しい考えを固持するフェミニスト像ではなく、視点の複数性に敏感な、柔軟で可変的なフェミニスト像を志向することもまた、

自己の問い直しの作業である。

　こういった問い直しについてキム・ジヘは、「私をとりまく言葉や考え方をひとつひとつ確認していく作業」を通じ、「私が他人を差別していないという考えは勘違いであり、思い込みにすぎなかった[133]」という気づきを述べている。「個人はさまざまな次元の集団に同時に属」し、「状況によっては差別を受ける集団に属する場合もあるが、逆に特権を享受する集団に属する場合もあるだろうし、差別を受ける複数の集団に属していて、複合的な差別を同時に受ける場合もある[134]」というような「多重性について考察してみることで、自分が差別を受ける側にもなるが、差別する側にもなりうるということを、ようやく発見できる[135]」という。ここでも、複数の視点をもち、自身の立ち位置や価値観を絶対化しないことが、インターセクショナルな理解につながることが示されている。栗田隆子は、社会問題について考えてきた自分を振り返り、「どこか俯瞰した位置から「社会問題」とマジョリティが名づける事柄を観察、あるいは見学でもしているようなもの」だった、「マジョリティの傲慢な好奇心を抱えたままで「社会問題」に接していた[136]」と反省を述べている。また、どうありたいのか、どうしたいのかについて「自分にたいしてついている嘘」があったこと、キリスト教にふれ、神への祈りのなかで「「自分の感情に正直であること」「自分で自分を騙さないこと」の重みを知った[137]」と自身を振り返る。栗田の自身や神とのこうした対話が、第1章で紹介した、「私は「自己決定」とは（略）「まずもって、このことを決めるのはお前ではない」と主張すること（略）という意志表明[138]」として社会への視点につながっていったのではと感じる。

また栗田は、「「弱さ」が「ある種の暴力性をまとっていることが多いという事実」」「「弱い者が弱い者を叩く」といった暴力の連鎖につながりかねない」[139]こと、「いろいろな組織やネットワークを作ったり、所属した経験」のなかで「メンバー間でさえ考えがまるで違うことに無自覚だった」ことの反省、「参加メンバーそれぞれが各々の違いを自覚して、意見の一致へと「擦り合わせる」意識や試みの困難さ」[140]など、社会運動に複数の立場の個人が関わることの難しさを語っている。これらの困難は、本書で紹介した複数のフェミニズム活動でも示されていたが、こういった困難との出合いが、自身のあり方への問い直しにつながることは筆者自身もしばしば感じている。

自身の被抑圧者としての自覚、そして抑圧者としての自覚は、ともに一つの枠組みに基づいたり、一方的な視点でだけ社会を考えることへの批判や問い直しを生む。そこで、日本女性学研究会で共有されていた「代弁の禁止」について再度確認したい。おそらく、そこには以下の二つの欠如への批判が含まれていたのではないかと考える。「代弁」とは、相手を何らかのカテゴリーに属する人として捉え、それに基づくニーズが何であるかを一方的に決めつける行為を意味する。そこには、相手の事情も自分の事情も、活動に対する、さらにはフェミニズムに対する向き合い方も、不変的なものではなく常に変わりゆくものであるという（フェミニズムの活動でしばしば問われてきた）認識が欠如している。さらに、代弁には、自分と他者は異なるという認識やそれに伴う言動への責任が欠如する。だからこそ、レッテル貼りや一方的なジャッジとして代弁には問題がある、ということにある。

「代弁の禁止」とは、可変的なアイデンティティや立場性に責任をもって向き合うこと、そして、だからこそ他者のことは完全には把握しえず、自己のことも把握されえないという「不透明性」[141]の自覚や、他者との関係のなかで自己が存在し、「あなた」が「私を構成」する認識[142]を前提にした原則だといえる。アンジェラ・マクロビーは、こうした「統一された、自律的で、透明な自己を心的な理想として追求することが伴う危険性に警鐘を鳴らし」[143]てきたバトラーの主張を取り上げ、「関係性や脆弱性や依存を忌避する、達成可能に見える力を含意する」[144]ポストフェミニズム的な自己のあり方を批判して、それらがもたらす「暴力と手を切る方法を約束するのは、私たちが関係し合う存在であること」[145]だと述べ、相互依存やケアを重視する社会への希望を示す。こういった相互依存の関係性こそ、他者との関係のなかで自己を柔軟に変化させる営みの先にあるものではないか。代弁によって他者を決めつけるのではなく、自己との関係のなかで他者を捉え、自己もまた、その関係のなかで新たな気づきや、ときとして反省を得て、変化するのだ。

河野和代は、「誰かが自分に働きかけた時に、微妙に違う感覚や手触りを持ったら」「それを大事に持ち続けて」それらを「丁寧に言葉にしていく事で、そのままの自分自身がわかるようになる」[146]というプロセスをフェミニズムの重要な営みとして位置づける。このような営みは、おそらく前述の栗田が示す神や自分との対話としての「祈り」と共通するものであり、「正しいものがどこかにあって、それに自分を近づけるのでは決してなくて、自分の感じていることにこだわり続け」[147]るという不透明な自己を問い続けることでもある。それは、河野貴代美が述べる「自己判断はえてして自己中心になりがち」なために、「差別だと感じる相手の存在なしに自分の鋭い差別意識や感覚を養えない[148]」からこその関係性である。マクロビーが懸念するレジリエンスとは異なり、「完璧であること」からの距離で自己を調整するのではなく、関係性のなかでの調整にこそ意義があるということである。

加藤伊都子は、「「女の気分はすぐ変わる」と、あたかも悪いことであるかのようにいわれる」社会を批判し、「好きなものを決めて、やってみて向いていないと分かれば、また他のものに手を出して[149]」という試行錯誤のうちに自分を知って成長する営みを勧める。柔軟であることと可変的であることが女性の特性として非難されるのであれば、それらは女性ジェンダーを生きるうえでの強みとして、男性中心主義的な論理へのオルタナティブを示すことにつながる。

そこには、キャロル・ギリガンがいう、男性中心主義的な社会を形作ってきた正義の倫理に対する女性たちが営んできたケアの倫理がもつ重要性に通じるものがある。ギリガンは、ケアをつながりのなかの営みとして捉えたうえで、権利の概念や正義の倫理だけでは「利己性の競り合い[150]」などが生じ、不十分な社会関係のための倫理になりうることを述べる。ギリガンによれば、正義とケアの倫理はそれぞれ、「自己と他者が同等の真価を有する存在として扱われ、力の違いにかかわらず物事が公正に進むという理想像」と「すべての人が他人から応えてもらえ、受け入れられ、取り残されたり傷つけられる者は誰ひとり存在しないという理想像[151]」を示す。倫理としてのケアは、女性の役割として想定された「他者を傷つけるなという〔自分を〕無力化する強制命令」から拡張し、

「自他に対して責任を持って行動し、関係性を維持すべし[152]」という命令になり、「ケアへの関心が、他者を傷つけるなという命令から、社会的な人間関係における責任の理想へと拡大する[153]」。そうして、「女性たちが他の人びとだけでなく自分自身をもケアすることを道徳的とみなせるように[154]」なるという。ケアの倫理と正義の倫理は、社会構築にとって、またフェミニズムにとっても意味をもつものだが、フェミニズムの活動が示してきた他者との関係性の調整、自己の尊重や変革は、ケアの倫理が具現化したものの一つと捉えることが可能なのではないか。

代弁の二つ目の問題である自他の区別の欠如は、自分と他者のそれぞれを尊重することも、相手への理解不可能性に対する謙虚な気持ちをもつこともない態度のために問題である。「CHOISIR」でも以下の引用のように、「わかりあえない」ことを前提に他者と関わることは、分断ではなくむしろ連帯の可能性のための態度であることを示している。

女どうしでもそうだ。「男」に対しての「女」という点で共通する思い（怒りや無力感など……）は一定程度あるだろうけど、人によって、その「痛み」も「つらさ」も受けとり方はまったく違うだろう。いや、違っているかどうかさえ、私たちは「わからない」のだ。
私たちにできることは、「わかりあえる」というのは幻想（フィクション）でしかないということを「わかる」ことだけなのかもしれない。[155]

水島広子は、第1章でも紹介した女性同士の対立に関して、女性が他人と比べて自らを評価してしまうこと、自分と異なった立場の女性への理解が困難な傾向にあることを述べている。誰かに選ばれるという、他者の評価でしか自らの価値を認識できない立場にあると、「「自分の領域」と「他人の領域」の区別がうまくつかな」くなる、つまり「「人は人、自分は自分」という見方ができなく」なる。他者との関係では、「相手が自分を傷つけるかどうかというところに主な焦点」があり、「察しあうのが当然という」[156]認識をもってしまう。だから「それぞれの人にはそれぞれの事情があり、本人にしかわからない「領域」がある」「人の「領域」のことを勝手に決めつけたりしてはいけないし、自分の「領域」のことは自分が責任を持って伝えなければわかってもらえ[157]」ないという自立した関係が形成できない。しかし、自他の境界や互いの尊重のための距離を自覚した関係性は、女性の分断の呪いを解く一つの武器にもなりうる。前述のギリガンは、正義の倫理とケアの倫理について、前者は「人間と他者はつながって生きることによって初めて、それぞれを分離してみることができるという真理」を、後者は「人間は他者を自己から区別して初めて、関係性を経験することができるという真理[158]」をもつと述べている。自己も他者もそれぞれの領域を尊重することでケアの関係性は可能になるのではないだろうか。

対話や意思決定、同意形成のための方法論やルールを、ああでもない、こうでもない、と探し求める絶え間ない努力があったことはまた、それらが簡単なものではないことを物語っている。それらの方法論やルールは、平場の活動、社会正義を求める活動だから必要なだけでなく、フェミニズムの活動そのものの営みでもあった。その意味で、対話が簡単ではないこと、自己や他者は可変的であること、そのために自他の差異を自覚し、レッテルを貼ったり理解した気持ちになったりしないことを自覚した主体こそが、フェミニズム的主体と位置づけられる。

ケア・フェミニズムとしての平場

近年、フェミニズムや女性の分断にもつながる女性間の事情や立場の違い、女性の捉え方、ジェンダー構造の捉え方の差異の問題をどう乗り越えるかについての一つの切り口として、こうしたケアの倫理の重要性を捉え直すケア・フェミニズムに注目が集まっている。ケアは政治的概念でもあるということである。ケア・フェミニズムでは、女性ジェンダーに基づく役割として否定的な語られ方が多かったケアについて、ジェンダーを超え、社会に必要なものとして、フェミニズムとして再評価するギリガンの主張をめぐる議論から始まり、個人と社会の位置づけ直し、そして社会構造の問い直しへと広がりをみせる議論が続けられている。

ケア・フェミニズムでの提案をいくつかの論点に絞ると、まず、社会のなかで生きる個人について、「誰かにケアしてもらえる」ことを不可視化した自立した存在と考える近代的視点への疑義を示し、誰もが誰かにケアされ、誰かをケアする存在として、個人を捉え直す試みが挙げられる。「ケアとは何かを注視することは、あたかも、社会のなかで誰にも迷惑をかけずに自立的に存在しているような感覚についても自省することを迫る」[159]「ケアを社会の主役の位置に立たせることは、私たちの相互依存性を認識し、抱擁すること[160]」という表現は、個人が自立した存在という社会の前提を批判する。さらには、それは「足かせのない男性の自律と自立[161]」、すなわち社会の中心と位置づけられていた男性ジェンダーを基準とした社会観であり、そのため、「ケアそのものが、くりかえし価値を貶められ、病理化まで[162]」なされていたとして、ジェンダー構造でのケアの軽視と不可視化が指摘される。

同時に、「わたしたちがしていることはなんでも、ほとんどケアに関係する[163]」と、ケアを広く、互いに尊重しあう行為や活動として捉える。その際、他者に「関心をもつこと」で「さらに多くのニーズに気づき」始め、「「配慮すること」によって、わたしたちは、より責任ある／応答可能な responsible 存在に[164]」なる。ケアは「目の前の状況を敏感に感じ取る能力、生き物に対する気づかい、真の共感を要する[165]」という。

これらの表現からも示されるように、すなわち、ケアは自分とは異なる他者をどのように捉え、どのように尊重するかの営みでもある。

こういった可変的な自己と他者への認識や責任、関係性の構築はフェミニズムの活動のなかでも繰り返し試みられてきた営みだが、活動のためでなくとも、こういった実践はネオリベラリズム的に再編成されたジェンダー構造やそれが望む主体のあり方に捉われることなく、差別に声を上げ、分断を拒むための力をもつといえるのではないだろうか。

多様な個人が尊重される社会とは、言い換えれば、誰もが貶められることなく参加ができる社会である。多様性に対する一連の調整は、まずは目の前のつながりの、そのための作業である。

サラ・アーメッドは、差別され貶められる経験、自らの存在を削り取られる経験をハンマーによる殴打に例える。同時に、「ハンマーを振るわれることを経験することは、ハンマーを手に与えられることでもある」[166]、すなわち殴打の経験によって自分を削り取る存在を削るハンマーも手にできると述べる。

そして、このハンマーは、「共鳴性（affinity）として考えることができる」[167]という。すなわち、多様な差別の軸によるハンマーの殴打、それへの反撃は、それぞれが共鳴しあい、抵抗できる可能性をもつ。しかし共鳴性は、「自動的に打ち解けることができる」ことを意味せず、「私たちがそれに向けて努力して取り組むものなのである」[168]とアーメッドは述べる。不断の努力と模索による他者との調整とは、自己と他者、それを取り巻く権力構造を視野に入れ、共鳴していく作業だといえる。それは必ずしも、歴史や強固な差別の構造に基づく抑圧／被抑圧の関係性に限らないかもしれない。事情の違いによる活動への関わり方、負担の違いや、無自覚なジャッジやレッテル貼りなど、日常の活動のさまざまな場面で非対称な関係性やそれによる傷つきは生じうる。確かに、深刻な差別を伴う差異とそうでない差異を完全に同じに扱うことは難しい。しかし、すべての抑圧や差別の解決にはつながらないかもしれないとしても、目の前にある差異やそこに生じる抑圧／被抑圧の問題をどうにかしようと試みられてきた営みに敬意を示し、そこに地続きの意味を謙虚に見いだして調整の学びを得ていきたいと思う。

アーメッドは、「フェミニズムもまた、ハンマーによる殴打が起こる場所である」という自覚とともに、互いに努力をもって共鳴し、「壁を削り取っていく」抵抗の作業を、「政治的労働」と位置づける。(169)

無償労働であっても、順当な報いや労働者の尊重は必要である。家事労働、育児、介護の労働はもちろん、活動でのボランタリーな営み、人間関係の構築もまた、広い意味では労働である。社会正義のため、差別の構造の変革のための活動は政治的労働であり、そのため、そこに関わる個人はそれぞれ尊重されるべきである。そういう意味でも、教条主義や活動のなかの抑圧的関係を回避する作業、簡単に成り立つものではない対話をおこなうための試行錯誤の労働は、誰かを貶めることなく、生産的なものとしておこなわれなくてはならない。具体的な実践としての政治的労働なくしては、権力や差別と向き合うことは不可能である。

ここで、あえて労働という位置づけを重要視することには、観念的でなく活動の実践を評価する意味もあるのではと感じる。フェミニズムのさまざまな実践を労働に位置づける意味とは、それらが「ケア労働」としての側面をも有しているところにある。あらゆるケアは労働であるため、評価され、尊重されなければならない。そして、他者と関係する際の調整とは、場作り・ルール作りであれ、自己の問い直しであれ、相互のケアを捨てては成り立たない。フェミニズムの活動でおこなわれている調整の営みとは政治的ケア、あるいは政治的ケア労働ともいえる。自他の境界を意識し、それぞれを尊重する作業もまた、「自分と他者が違うこと、自分がどのような人間であるかを認識したうえで、さらに、他者を注視(170)」することが要請されるケア・フェミニズムの実践である。政治的ケアは、調整の労働であり、それは人間らしい営みでなくてはならない。そしてそれは、女性同士をも含む多様な個人が分断される呪いを乗り越えるための手段であり希望であると考える。

注

(1) 上野千鶴子編『「女縁」を生きた女たち』(岩波現代文庫)、岩波書店、二〇〇八年、五八ページ
(2) 上野千鶴子『近代家族の成立と終焉』岩波書店、一九九四年、二八九―二九〇ページ
(3) 同書二八五ページ
(4) 同書二九三ページ
(5) 前掲『「女縁」を生きた女たち』六七ページ
(6) 同書七七ページ
(7) 同書一一二ページ
(8) 前掲『近代家族の成立と終焉』二九二ページ
(9) 同書二九一ページ
(10) 同書二九三ページ
(11) 皆川みずゑ／藤田嘉代子／大橋由香子／海妻径子「つながる？　つながれない？〈女〉と〈女〉

――リブやフェミニズムは何を伝え、現実はどう変わったか？」」、インパクト出版会編「インパクション」第百七十一号、インパクト出版会、二〇〇九年、二三―二四ページ

（12）「Voice Of Women」は原則として毎月発行。二〇二〇年の新型コロナウイルス感染症感染拡大の時期以降、二三年現在は隔月発行だが、そのぶんページ数が増える。

（13）日本女性学研究会「日本女性学研究会・年表」、日本女性学研究会編『わたしからフェミニズム――女性学七転八倒2：Voice of women selections 1987-1997』所収、日本女性学研究会、一九九八年、二六九―二七〇ページ

（14）「日本女性学研究会」（https://www.jca.apc.org/wssj/）［二〇二三年八月五日アクセス］

（15）上野千鶴子「女の組織論」『不惑のフェミニズム』（岩波現代文庫）、岩波書店、二〇一一年、三九二ページ

（16）同論考三九三ページ

（17）同論考三九四―三九五ページ

（18）上野千鶴子「Womenology9 フェミニズム・いろいろ」、日本女性学研究会「Voice Of Women」第四十八号、日本女性学研究会、一九八四年（日本女性学研究会編『女性学七転八倒――私たちの場合』〔日本女性学研究会十周年記念冊子〕、日本女性学研究会、一九八七年、六八ページ）

（19）國信潤子「日本女性学研究会の誕生の頃」、日本女性学研究会「Voice Of Women」第八十号、日本女性学研究会、一九八七年（前掲『わたしからフェミニズム』五ページ）

（20）井上輝子「解説」、行動する女たちの会、高木澄子／中嶋里美／三井マリ子／山口智美／山田満枝

編『行動する女たちの会資料集成 編集復刻版第一巻』所収、六花出版、二〇一五年、三ページ
(21) 同解説三ページ
(22) 同解説七ページ
(23) 駒野陽子「プロローグ「国際婦人年をきっかけとして行動を起こす女たちの会」の運動は何を創り出したか」、行動する会記録集編集委員会編『行動する女たちが拓いた道――メキシコからニューヨークへ』所収、未来社、一九九九年、一六ページ
(24) 前掲「解説」三ページ
(25) 同解説四ページ
(26) 同解説四ページ
(27) 山口智美「解説 行動する会を女性運動史に位置づける」、前掲『行動する女たちの会資料集成 編集復刻版第一巻』所収、一一ページ
(28) 金谷千都子/高木澄子/中嶋里美/仁ノ平尚子/盛生高子/山田満枝/ヤンソン柳沢由美子「座談会平場で行動した女たち」、前掲『行動する女たちが拓いた道』所収、二七六ページ
(29) 高橋武智『私たちは、脱走アメリカ兵を越境させた……――ベ平連/ジャテック、最後の密出国作戦の回想』作品社、二〇〇七年、二八〇ページ
(30) 前掲「座談会平場で行動した女たち」二七六―二七八ページ
(31) 前掲「プロローグ「国際婦人年をきっかけとして行動を起こす女たちの会」の運動は何を創り出したか」二〇ページ

(32) 同論考一六ページ
(33) 同論考二〇ページ
(34) 笹沼朋子「再び「聞く会」について私のひとこと」、行動する女たちの会編「行動する女」一九九二年九月号、行動する女たちの会（行動する女たちの会、高木澄子／中嶋里美／三井マリ子／山口智美／山田満枝編『行動する女たちの会資料集成 編集復刻版第八巻』所収、六花出版、二〇一五年、一三〇ページ
(35) 日本女性学研究会連絡会「第五回連絡会報告」、日本女性学研究会「Voice Of Women」第五号、日本女性学研究会、一九八〇年、一ページ
(36) 行動する女たちの会「拡大全体会からの報告　じっくり話そう、会のこれから」、行動する女たちの会編「行動する女」一九九四年十一月号、行動する女たちの会（前掲『行動する女たちの会資料集成 編集復刻版第八巻』所収、二七七ページ
(37) 前掲「解説 行動する会を女性運動史に位置づける」一一ページ
(38) 同論考一二ページ
(39) 堀川喜子「かけだしの頃のWSSJと私」、日本女性学研究会「Voice Of Women」第八十三号、日本女性学研究会、一九八七年（前掲『わたしからフェミニズム』五ページ）
(40) 上野千鶴子「連絡会ニュース発刊の頃」、日本女性学研究会「Voice Of Women」第八十五号、日本女性学研究会、一九八七年（同書一四ページ）
(41) 荻野美穂「総会廃止まで」、日本女性学研究会「Voice Of Women」第八十四号、日本女性学研究

会、一九八七年（前掲『わたしからフェミニズム』六ページ）
（42）塚口淑子「「女性学」はだれのもの?-」、日本女性学研究会「Voice Of Women」第十一号、日本女性学研究会、一九八〇年（前掲『女性学七転八倒』六九ページ）
（43）四月運営会出席者一同「公開質問状（vol.26）への返信」、日本女性学研究会「Voice Of Women」第二十八号、日本女性学研究会、一九八二年（同書四〇ページ）
（44）松本澄子「ある問題提起——ある事実から」、日本女性学研究会「Voice Of Women」第十号、日本女性学研究会、一九八〇年（同書一七ページ）
（45）「創刊にあたって」「女性学年報」第一号、日本女性学研究会「女性学年報」編集委員会、一九八〇年、iページ
（46）「女性学年報」編集委員会「女性学年報のめざすもの」「女性学年報」第三十八号、日本女性学研究会「女性学年報」編集委員会、二〇一七年、ivページ
（47）「編集後記」「女性学年報」第四号、日本女性学研究会「女性学年報」編集委員会、一九八三年、一三六ページ
（48）前掲「女性学年報のめざすもの」ivページ
（49）同記事ivページ
（50）同記事ivページ
（51）「座談会『女性学年報』って何!?——歴代編集委員大いに語る」「女性学年報」第十八号、日本女性学研究会「女性学年報」編集委員会、一九九七年、四ページ

(52) 上野千鶴子「『女性学年報』によせて」「女性学年報」第三十号、日本女性学研究会「女性学年報」編集委員会、二〇〇九年、一九五ページ
(53) 姫岡とし子「『女性学年報』によせて」、同誌二一二ページ
(54) 同記事二一二ページ
(55) 小川かおり「『女性学年報』によせて」、同誌一八四ページ
(56) 堀川喜子「『女性学年報』によせて」、同誌一九七―一九八ページ
(57) 森理恵「『女性学年報』によせて」、同誌二二九ページ
(58) 「編集後記」「女性学年報」第六号、日本女性学研究会「女性学年報」編集委員会、一九八五年、一三四ページ
(59) 高橋（小山）静子「『女性学年報』によせて」、前掲「女性学年報」第三十号、一九九ページ
(60) 「編集後記」「女性学年報」第七号、日本女性学研究会「女性学年報」編集委員会、一九八六年、一三三ページ
(61) 同記事一三三ページ
(62) 前掲、上野千鶴子「『女性学年報』によせて」一九四ページ
(63) 「編集後記」「女性学年報」第五号、日本女性学研究会「女性学年報」編集委員会、一九八四年、一二五ページ
(64) 前掲「編集後記」「女性学年報」第五号、一二五ページ
(65) 「編集後記」、日本女性学会学会誌編集委員会編「女性学」第六号、日本女性学会、一九九八年、ⅰ

ページ
(66) 前掲、上野千鶴子「『女性学年報』によせて」一九五ページ
(67) 「編集後記」「女性学年報」第十三号、日本女性学研究会「女性学年報」編集委員会、一九九二年、一八三ページ
(68) 前掲「座談会『女性学年報』って何!?」一ページ
(69) 同記事一―二ページ
(70) 「編集後記」「女性学年報」第二十五号、日本女性学研究会「女性学年報」編集委員会、二〇〇四年、二三四ページ
(71) 前掲「座談会『女性学年報』って何!?」二ページ
(72) 「編集後記」「女性学年報」第二十六号、日本女性学研究会「女性学年報」編集委員会、二〇〇五年、二一七ページ
(73) 「編集後記」「女性学年報」第二十三号、日本女性学研究会「女性学年報」編集委員会、二〇〇二年、二五九ページ
(74) 前掲「編集後記」「女性学年報」第七号、一三三ページ
(75) 前掲、上野千鶴子「『女性学年報』によせて」一九五ページ
(76) 細川祐子「『女性学年報』によせて」、前掲「女性学年報」第三十号、二二二ページ
(77) 前掲「女の組織論」三九四―三九五ページ
(78) 矢木公子「「日本女性学研究会」との巡り会い」、前掲「Voice Of Women」第八十四号(前掲『わ

たしからフェミニズム』八ページ）
(79)デュラン和美「鉄壁の沈黙戦術」、前掲「行動する女」一九九四年六月号（前掲『行動する女たちの会資料集成 編集復刻版第八巻』所収、二五四ページ
(80)「CHOISIR」「女から女たちへ」「あごらmini」「わいふ」は「ウィメンズアクションネットワーク」の「ミニコミ図書館」（[https://wan.or.jp/dwan]［二〇一六年四月一日アクセス］）を参照。
(81)ひよこ「「CHOISIR」という私にとっての〝奇跡〟」「CHOISIR」第十六号、CHOISIR、一九九一年、二一ページ
(82)色川奈緒「CHOISIRの解体および今後について」「CHOISIR」第三十二号、CHOISIR、一九九三年、三ページ
(83)柳田亮子（山本聡子）「CHOISIRの解体および今後について」、同誌二ページ
(84)前掲「討議 インターセクショナルな「ノイズ」を鳴らすために」二〇―二一ページ
(85)前掲「公開質問状（vol.26）への返信」一七ページ
(86)前掲「編集後記」「女性学年報」第五号、一二五ページ
(87)同記事一二五ページ
(88)前掲「編集後記」「女性学年報」第十三号、一八三ページ
(89)同記事一八三ページ
(90)前掲、高橋（小山）静子「『女性学年報』によせて」二〇〇ページ
(91)同記事二〇〇ページ

(92) 前掲「座談会『女性学年報』って何!?」四ページ
(93)「編集後記」「女性学年報」第十五号、日本女性学研究会「女性学年報」編集委員会、一九九四年、一八八ページ
(94) 河野貴代美「コンシャスネス・レイジング」、前掲『岩波女性学事典』一四九—一五〇ページ
(95) 前掲『わたしを生きる知恵』八〇ページ
(96) 前掲『フェミニズムはみんなのもの』二四—二五ページ
(97) 働く女性の全国センター編著『対話の土壌をか・も・すワークブック』働く女性の全国センター、二〇一五年、六ページ
(98) 同書九ページ
(99) 第十六回日本フェミニストカウンセリング学会(二〇一六年五月二十八日・二十九日)分科会「女のグループ再考 インタビュー調査から見えてきたこと」、報告者:多様化社会を考える会(加藤伊都子、人見章子、小川真知子、荒木菜穂、渡辺ゆう子)
(100)「会のハラスメント等への対応について」、日本女性学研究会「Voice Of Women」第四百六号、日本女性学研究会、二〇一九年、八ページ
(101) 吉田忠彦「非営利組織とは何か——その定義と役割」、田尾雅夫/吉田忠彦『非営利組織論』(有斐閣アルマ)所収、有斐閣、二〇〇九年、二三—二四ページ
(102) 長田英史『場づくりの教科書』芸術新聞社、二〇一六年、一二五ページ
(103) 西城戸誠「ボランティアから反戦デモまで——社会運動の目標と組織形態」、大畑裕嗣/成元哲/

道場親信／樋口直人編『社会運動の社会学』（有斐閣選書）所収、有斐閣、二〇〇四年、八七―八九ページ

（104）前掲「「CHOISIR」という私にとっての〝奇跡〟」二一―二二ページ

（105）前掲「かけだしの頃のＷＳＳＪと私」五ページ

（106）上田美恵子「私のこと」、日本女性学研究会「Voice Of Women」第八十七号、日本女性学研究会、一九八七年（前掲『わたしからフェミニズム』一九六ページ）

（107）笹倉尚子「「女と政治」をめぐるこの二〇年とわたし――「女たちから女たちへ」を超えていくために：ポスト・ウーマンリブ「私」」「CHOISIR」第二十八号、CHOISIR、一九九三年、一三ページ

（108）桂容子「会計係としての個人的記録」、前掲「Voice Of Women」第八十五号、一二ページ

（109）松本澄子「今、再び―ある事実から―改めて女性学的組織〝運営〟のあり方を問う」、同誌（前掲『わたしからフェミニズム』一六ページ）

（110）上野千鶴子「WOMENOLOGY1「趣味的女性学研究」」、日本女性学研究会「Voice Of Women」第六号・第七号（三月四日合併号）、日本女性学研究会、一九八〇年（前掲『女性学七転八倒』六〇ページ）

（111）田間泰子「「女の組織」以前の問題――「私と司会」について」、日本女性学研究会「Voice Of Women」第八十六号、一九八七年（前掲『わたしからフェミニズム』一八ページ）

（112）同記事一六ページ

（113）久美「「シスターフッド」連続体」、日本女性学研究会「Voice Of Women」第二百二十九号、日本

女性学研究会、二〇〇二年、七ページ
(114) 前掲「「CHOISIR」という私にとっての〝奇跡〟」二一ページ
(115) 前掲「WOMENOLOGY1「趣味的女性学研究」」六〇ページ
(116) 同記事六〇ページ
(117) 色川奈緒「伝える言葉、もってる?――〔フェミニズム〕がとりこぼしているもの」「CHOISIR」第七号、CHOISIR、一九九一年、二三ページ
(118) たかまつひさこ「出会い直していくために2――フェミニズム私論」、同誌一三ページ
(119) 「編集後記」「女性学年報」第二十八号、日本女性学研究会「女性学年報」編集委員会、二〇〇七年、一九六ページ
(120) 「編集後記」「女性学年報」第二十九号、日本女性学研究会「女性学年報」編集委員会、二〇〇八年、一七二ページ
(121) 「編集後記」、前掲「女性学年報」第三十号、二七四ページ
(122) 「編集後記」「女性学年報」第三十一号、日本女性学研究会「女性学年報」編集委員会、二〇一〇年、二三九ページ
(123) 森松佳代「女性学年報によせて」、前掲「女性学年報」第三十号、二二〇ページ
(124) 同記事二二〇ページ
(125) 桂容子「女性学研究会に参加してみて思うこと」、日本女性学研究会「Voice Of Women」第九号、日本女性学研究会、一九八〇年(前掲『女性学七転八倒』一一ページ)

(126) 同記事一一ページ
(127) トナミ「良い子にさせないフェミニズム」、日本女性学研究会「Voice Of Women」第百四十八号、日本女性学研究会、一九九四年（前掲『わたしからフェミニズム』二三八ページ）
(128) 同記事二三八ページ
(129) たかまつひさこ「出会い直していくために 4――フェミニズム私論」「CHOISIR」第十二号、CHOISIR、一九九一年、四ページ
(130) 堀田義太郎「インターセクショナリティと差別論――行為集合としての差別と社会集団」、前掲「現代思想」二〇二二年五月号、八二ページ
(131) 色川奈緒「「二〇年後」の確信的雑感」、前掲「CHOISIR」第二十八号、二二ページ
(132) 桂容子「日本女性学研究会と私」、前掲「女性学年報」第三十号、二一七―二一八ページ
(133) キム・ジヘ『差別はたいてい悪意のない人がする――見えない排除に気づくための10章』尹怡景訳、大月書店、二〇二一年、九ページ
(134) 同書五八ページ
(135) 同書六三ページ
(136) 前掲『呻きから始まる』三一ページ
(137) 同書五九―六〇ページ
(138) 同書二三三ページ
(139) 同書一一七ページ

(140) 同書一七一ページ
(141) ジュディス・バトラー『自分自身を説明すること――倫理的暴力の批判』佐藤嘉幸／清水知子訳(暴力論叢書)、月曜社、二〇〇八年、三六ページ
(142) 同書一四五―一四九ページ
(143) 前掲『フェミニズムとレジリエンスの政治』一二〇ページ
(144) 同書一二二ページ
(145) 同書一二一ページ
(146) 河野和代「私が私になることと対男性との関係」、前掲『やわらかいフェミニズム』所収、一八八ページ
(147) 同論考一八八ページ
(148) 前掲「差別について」、同書所収、九七ページ
(149) 加藤伊都子「女性たちはどのようにしてフェミニズムと出会うのか」、同書所収、二〇三ページ
(150) キャロル・ギリガン『もうひとつの声で――心理学の理論とケアの倫理』川本隆史／山辺恵理子／米典子訳、風行社、二〇二二年、三三一ページ
(151) 同書一七三―一七四ページ
(152) 同書三四四ページ
(153) 同書三四四―三四六ページ
(154) 同書三四四ページ

(155) 大ねえちゃん「大ねえのひとりごと——『テルマ&ルイーズ』と金嬉老……」「CHOISIR」第十五号、CHOISIR、一九九一年、二〇ページ
(156) 前掲『女子の人間関係』二〇ページ
(157) 同書二〇ページ
(158) 前掲『もうひとつの声で』一七四ページ
(159) 岡野八代「訳者まえがき」、ジョアン・C・トロント、岡野八代訳・著『ケアするのは誰か？——新しい民主主義のかたちへ』所収、白澤社、二〇二〇年、一〇ページ
(160) ケア・コレクティヴ『ケア宣言——相互依存の政治へ』岡野八代／冨岡薫／武田宏子訳・解説、大月書店、二〇二一年、九ページ
(161) 同書四一ページ
(162) 同書四一ページ
(163) 前掲『ケアするのは誰か？』二五ページ
(164) 同書三〇ページ
(165) 小川公代『ケアの倫理とエンパワメント』講談社、二〇二一年、四〇ページ
(166) サラ・アーメッド「ハンマーの共鳴性」藤高和輝訳、前掲「現代思想」二〇二二年五月号、九〇ページ
(167) 同論考九〇ページ
(168) 同論考九一ページ

（169）同論考一〇二ページ

（170）前掲『ケアするのは誰か？』一〇〇ページ

［付記］本章第2節の「平場で生じる力関係①——会の組織に関して」は『架橋するフェミニズム——歴史・性・暴力』（牟田和恵／古久保さくら／元橋利恵／荒木菜穂／伊田久美子／北村文／熱田敬子／岡野八代、松香堂書店、二〇一八年）所収の「日本の草の根フェミニズムにおける「平場の組織論」と女性間の差異の調整」を、「平場で生じる力関係②——「女性学年報」の編集をめぐる平場」は「女性学年報」第三十三号（日本女性学研究会「女性学年報」編集委員会、二〇一二年）所収の「ぶつかりあい、調整しあう、女性学的実践——オンナが関係し合う場としての『女性学年報』」を、それぞれ一部加筆・修正した。

第3章　フェミニズムの「呪い」と女の欲望

1　フェミニストとしての自分を縛る「呪い」

ここまで、この社会にあふれる女性にかけられた「呪い」をいやだと思う自分、そしてそれを解く言葉を与えてくれたフェミニズムについて述べてきた。そして、そうした呪いのなかでもとりわけ「女性同士の分断」の呪いを問題含みなものとした。「分断」の呪いの背景に、家父長制的・資本主義的なジェンダー構造に基づく「女の敵は女」だけでなく、抑圧される立場としての女性同士が連帯して抵抗しないようにする権力のメカニズム、さらにはポストフェミニズム的な自己責任論や「女性活躍」の風潮での女性間格差など、解体すべき新旧のジェンダーに関する社会の仕組みがあることが注目した理由である。

フェミニズムは私が思う「女の呪い」の数々を解く言葉をくれたが、第1章でふれたように、フェミニズムにもさまざまな立場があり、相反する主張や方法論をもつこともある。ということは、自身がフェミニズムに賛同する立場だと認識している個人に対して、フェミニズムの別の側面が自分を縛るもの、「呪い」になる可能性も十分にあるということでもある。

そして同時に、自分が思う自分らしい生き方とフェミニズムとの間で引き裂かれるような気持ちやある種の「取り乱し」が生じ、また、第1章でみたような、フェミニズムを経験するなかで自身を問い直すきっかけにもなりうるということである。過去に筆者が感じたフェミニズムからの「呪い」として、以下のように「合わないフェミニズム(1)」があった。

・フェミニズムとは、エロを嫌う（性的なもの、女の裸のイメージを性差別として批判する）。
・フェミニズムとは、男の文化を嫌う（女をのけ者にしたり性的消費の対象にしたりするような文化を批判する）。
・フェミニズムとは、女が美しくなることを好まない（女を性的消費の対象にするよくない文化としてファッションや美を位置づける）。
・フェミニズムとは、差別に屈せず女性がしっかり主張でき、仕事で成功することをよしとしている。
・男性とつながうことや、男性に尽くすことにつながる行為はフェミニズム的ではない。
・生理のことや身体のことなどを恥ずかしがらずに語り合うことがフェミニズム的にはいい（それらを恥ずかしいものとして語らせず、女性だけに負担をかける文化への批判）。

　なかでも、欲望する自分には、フェミニストは男性中心主義的な文化を好んではいけない、それらを好むことは性差別への加担になる可能性がある、というフェミニズムの「呪い」がついて回った。もちろん同時に、そのような文化由来の、女性を貶める「呪い」もまた存在する。自分らしい生き方を縛る「呪い」を解くためには、その両方と向き合う必要があった。そのなかのいくつかは、自分のなかでさまざまなフェミニズムや社会のほかの価値観とのすり合わせを重ねていくうちにある程度は納得がいく考え方を見つけられるようにはなった。性的なもの、男性中心主義的な文化、自身の欲望などとの向き合い方は、そうしたすり合わせのなかで作っていき、さらに変化しつづけるものでもあった。これらは、第2章でのフェミニズム的活動で示した、他者と関わるなかでの自己との向き合い方、自己の変革の過程とも言い換えることができる。正しいフェミニズムではなく自分が納得するフェミニズムとの向き合い方を見つけることは筆者のなかで政治的行為であり、かつ生きることの一つの側面でもあった。本章では、それらのせめぎあいの過程での自身の問い直しを、ある種のフェミニストの経験として記述する。つまりは、フェミニズムと相性が悪そうな文化、ということだが、ロック、酒、性をテーマにして、その模索の先に、女性がそれらを自らの文化としていくプロセスに何らかの希望を見いだせればと考える。

2　ロック文化とフェミニズム

まず、ロックについて。筆者自身は、音楽としても文化としてもロックを好み、ロックを好きな自分というアイデンティティをもって生きていた部分もある（中・高生のころにありがちなことではあるが）。女性らしいファッションを身にまとって女性が好むような文化のなかに生きるかぎり、女性としての値打ちで自分がジャッジされるように感じることへの反発という、若干のジェンダー的な背景もあった。女性があまり好まない文化とともにいるほうが気楽だったということもある。もう一つの背景には、小学生のころにテレビでたまたま見た海外のアーティストに一目ぼれしてファンになり、その人物自体のジャンルはロックではなかったが、共演するミュージシャンなどから芋づる式に一九六〇年代の欧米のロックに行き着いたということもあった。当時流行していた邦楽や洋楽「なんか」よりもずっとかっこよく聞こえ、ロックを聴いているときの自分が自分だという気持ちで楽しんでいたと思う。六〇年代・七〇年代のファッションにも興味をもち、大学生になってからは、ちょうどその時代の流行がリバイバルしていたこともあって安価な古着屋に通い詰め、ニットのベストや花柄のシャツ、裾が広がったボトムなどをまとい、太いアイラインやつけまつげを装備して日々を過ごしていた（冷静に考えれば、それらも当時のある種の「女性らしさ」だったわけではあるが）。

さて、「セックス・ドラッグ・ロックンロール」という、いまや口にするのも半ば恥ずかしいような、手垢がついた言い回しがある。ドラッグからはひとまずちょっと距離を置くとして、セックスとロックンロールという、欲望や解放のイメージとも重なるこの二つの「文化」は、筆者にとって大変魅力的でありながら、フェミニズム的な立場からみれば、ともに男性中心主義的・女性排除的なイメージをもつものでもあり、ときにはそういうイメージに対して憤りを覚えることもあった。ポストフェミニズム的な「タテマエ」としての男女平等を経た現代ならば、どんな文化をたしなみどんな快楽を享受するかということにもはや性差はないといわれるかもしれないが、ホンネの世界では、そうはいってもロックは男のものだし、女性がセックスの主体になることは好まれない、という傾向もまだまだ感じられる。ロックとセックスはともに、女性がそれらへの欲望の積極的な主体とは位置づけられず、ときには客体にもされる、ホモソーシャルな娯楽の文化とみなすことができる。そこには、女性はロックを好むべきではない、女性のロックファンは常に二流だ、という「呪い」が存在しつづけている。

ことセックスに関していえば、フェミニズムの視点からは、「女性の性解放」は真の女性の解放にとっての諸刃の剣として扱われてきたことも事実である。女性が性的快楽を自由に求められるようになるということは、女性を快楽の対象としかみなさないような男性ジェンダーにとって都合がいい存在になることを意味するとして、女性の性的欲望を表立って問題化せず、生殖や女性の健康、または関係性としての性愛の問題としてだけ性を扱うフェミニズムがある種の主流になっていた。とはいえ、第1章で確認したとおり、逆に女性の性的欲望をフェミニズム的目的に合致すると捉える動きもある。では、どのような性解放が男性中心主義的性文化への迎合であり、どのようであればそれへの政治的抵抗になりうるのか、という疑問が生まれる。

フェミニズムの「呪い」の話に戻ると、女性を客体化して消費することをよしとする文化は、フェミニストとしては好んではいけないことになる、他方、女性がロックや性解放を楽しむことは女性の主体性の肯定としてフェミニズム的であると位置づけることもできる。

筆者の感覚としては、人生のある時期まではフェミニズムは圧倒的に前者のイメージだった。そのため、繰り返しになるが、ロック文化を好む自分はフェミニストとして間違っているのではないかという思いもあった。それでは後者の考え方を知ってからはどうかというと、共感する部分もあったものの、やはりそれらの文化に女性を軽んじる側面があることは否定できなかった。そのあたりの揺れ動きや引き裂かれるような気持ちは常にあった。そこで前述の、どういった向き合い方をすれば女性差別的な文化を肯定しないことになるのか、という具体的な思考や方法論を模索することになる。この模索にヒントを与えてくれたのは、ある伝説的な女性ロックファンの語りと、フェミニズム的立場でロックと向き合う言説との出合いだった。

そもそもロックとは、ブラックミュージックなどをルーツに一九六〇年代に発展した音楽ジャンルであり文化である。ロックはしばしば音楽の形態としてだけでなく、「定義の漠然とした「文化現象」として」[2]語られる。とりわけ、それ以前から続く若者文化が六〇年代に「正真正銘のラディカルな」文化になった象徴的な現象として扱われた。若者たちは「仲間集団や中産階級の大人の規範にあからさまに反対」し、「下層階級の価値観やスタイルを取り入れた」[3]。

いわゆる「大人」の価値観や規範への抵抗は、若者文化の特徴として、近代の若者のアイデンティティの確立の問題とともに語られることも多い。当時のイギリスのロックバンド、ザ・フーの"My Generation"では、「大人たちは俺たちを押さえ付けようとする（People try to put us down）」「老いぼれる前に死にたいぜ（I hope I die before I get old）」と若者世代を代弁するような歌詞を叫んだ（もっとも、彼らのうち二人は「老いぼれ」たいまでも元気に活動しているが）。若者文化のなかで音楽は重要な要素であり、「ロックンロールはその音楽の中でも最も人気の高い」[4]ものだった。大人世代には理解できない「価値観やスタイル」の音楽も、婚姻制度に縛られずに快楽を享受する新たな性文化も、「家」や体制、家父長制への一種のカウンターとして存在していた。

しかし、既存の価値観への抵抗やそこからの解放を意味するロックやセックスは、あくまで男の若者の文化だった。女の若者は、家父長制により一層縛られる立場にあった。外出に対して親が目を光らせ、家庭内での女性役割を期待され、若者文化の場である「ストリート」を実際に歩き回ることは若い女性にとっては危険なことだった。そこで、彼女たちは主に家庭内でレコードを聴いたり雑誌を楽しんだりしていたという。[5]また、ロックを好む場合でも、音楽性よりもロックスター「個人のパーソナリティー」[6]に関心をもち、演奏や音楽性、セクシュアルなパフォーマンスの魅力に関心をもつ男性とは異なる消費をしているとされた。またこの時代には、男女ともに両親が決めた相手と結ばれるのではなく結婚相手を自分で見つける自由という価値観が登場したが、同じく「家」からの自由を意味する性の自由に関しては、若い女性には快楽の相手を見つける自由ではなく、あくまで新たな「家」に落ち着くための「夫を見つけることが問題」[7]だった。

ロックは歌詞の内容、作り手、サウンドのあり方などさまざまな側面から男性性の文化であるとみなされ、ジェンダー的視点での研究も数多い。[8]ロックの送り手側にいる女性の立ち位置は、ロックをコントロールする作り手（演奏者、歌詞の書き手など）ではなく、あくまで女性性を帯びた「歌手（ディーヴァ）」[9]の役割であり、受け手としても、女性のロックファンは、前述のように「音楽がわからない」とされてきた。北川純子は、女性とロック文化についての先行研究のなかからインターネットのメーリングリストから女性ファンが排除される構造についての分析を紹介している。[10]快楽のための性の自由の文化とロックを楽しむ文化の双方の主流から、女性の若者と少女たちは排除されてきたが、排除されると同時に「都合がいい性的対象」としての一定の役割をも担わされてきたことは確認しておく必要がある。社会からさげすまれ、また男性の性にとって都合がいい存在、「客体」としてそこに取り込まれる役割の女性が存在した。ロック歌手に心酔したり追っかけたりする女性ロックファンは、多くは「自律的なセクシュアリティをもたない人間」[11]と捉えられてきたが、「二流のファン」「ミーハー」とばかにされる女性ファンたちが、関連商品も含めてロック産業を支えていたことはいうまでもない。

それでは、排除されながらも都合よく「取り込まれる」女性たちは、セックスや資本主義社会の物言わぬ客体でしかないのか。男性中心主義的構造（フェミニズム的文脈での家父長制）も資本主義も、おそらくちょっとやそっとのことでは動じない巨大な力をもっているだろうし、確かにそういえる側面はあると思う（もちろん資本主義に関しては男性ロックファンも都合がいい客体であるだろう）。しかし、女性たちのロックを楽しみたい、セックスを楽しみたいという欲望、すなわち女性が主体的に欲望をもつという選択肢は、それではどうすれば実現可能なのか。

こういった疑問を解消するための一つの糸口になったヒントを与えてくれたのは、ある女性、伝説のグルーピーと呼ばれたパメラ・デ・バレス（ミス・パメラ）の存在を知ったことだった。彼女に最初に関心をもった理由は単純で、筆者がファンである一九六〇年代に活躍した某ロックスターと交際していた女性の一人だということを知ったからである。しかし、そうしたゴシップ的な関心とは裏腹に、筆者は結果的に彼女の生きざまから男のものとしてのロックという呪いを解くヒントを得ることになる。

グルーピーとは、一九六〇年代に出現した、男性ロックスターを追いかけ、音楽と彼らとの性関係を楽しむ女性たちのことをいう。しばしばロックスターの性欲の対象や娼婦的存在とみなされる一方で、ロックファンとしてはほかの女性ファンと同様、音楽ではない部分でロックを評価する

「二流のファン」として位置づけられてきた。ともに女性排除的な側面をもつ「性とロック」への欲望をもつ彼女たちは、フェミニズムにとっては男性ジェンダーに迎合する批判するべき存在なのか、または主体性を確立してジェンダー構造から解放された女性なのか。もっとも、本節で扱うグルーピーは非常に限定的である。かっこいい女性ロックスターではなくグルーピーの彼女に引かれたのは、以上のような疑問をもっていたからだった。

ミス・パメラという女性

『伝説のグルーピー』(原題 *I'm With the Band: Confessions of a Groupie*) は、パメラ・デ・バレス(ミス・パメラ)が一九八八年に書いた自伝的著作である。グルーピーとして有名という、ある種特殊な立ち位置から書いてある点では、必ずしも六〇年代以降のグルーピー文化を代表する文献とはいえないが、男性ファンからはさげすまれ、女性ファンからも侮蔑の目で見られがちなグルーピーという存在についての、いわば当事者の側からの声だといえる。また、著者は当時のグルーピーのなかでも中心的な存在であり(映画『あの頃ペニー・レインと』〔監督:キャメロン・クロウ、二〇〇〇年〕のモデルにもなった)、かつ自らの主張を外部に発信できる立場にある。すなわち、主体性をもたない性の犠牲者、ロックの二流の聴き手とされてきた当事者が、自ら主体的に語ったメディアとしてこの書籍は位置づけることができる。

ミス・パメラは一九四八年にカリフォルニア州で生まれ、主に六〇年代から七〇年代にかけて数々の有名ロックスターと性的な関係をもち（ドアーズのジム・モリスン、ザ・ローリング・ストーンズのミック・ジャガー、レッド・ツェッペリンのジミー・ペイジやロバート・プラント、ザ・フーのキース・ムーンなど）、かつそれらのバンドの熱心な聴き手でもあった。また、自らもフランク・ザッパのプロデュースによるグルーピーだけのバンドGTO'sのメンバーとして一時期は活躍し（ミス・パメラという呼称はGTO'sのメンバーとして公表されていたもの）、のちにシルバーヘッドのボーカルであるマイケル・デ・バレスの妻になる。二〇二三年現在では、ライターやさまざまな企画のコーディネーターとして活躍し、女性たちを対象にしたワークショップをたびたび開催しているほか、SNSでも積極的に発信している。

『伝説のグルーピー』は一九六〇年代当時の彼女の日記をベースに、八〇年代後期からの回想録を加えて構成してある。彼女が次第にロックや性に目覚めていく様子を力強く華やかに描き、また、余韻もなく次から次へとさまざまな出来事が繰り広げられる様子や、ロックやロックスターと向き合う際の彼女のテンションを惜しげもなく伝える、読んでいて本当にエキサイティングな記述である。実際にロックスターと性関係をもつ様子も赤裸々に描いてあるセクシュアルな内容の著作でもある。

欲望の対象としての男性

この書籍で展開するそれぞれの場面のベースには、彼女がもつ主体的欲望が貫かれている。それは、ロックを聴いたり体験したりすることへの欲望であり、ロックスターの肉体への欲望である。また、男性を美的にめでる描写も数多く登場する。

グルーピーとしてさまざまなバンドと交流する以前に観たローリング・ストーンズのライブについては、「ミックはものすごくセクシーだった。（略）それは掛け値なしに淫らで、オーディエンスの女の子たちは思わず自分たちの大切なところを突っつかずにはいられなかった[12]」とつづっている。ロックスターの「ペニスのパワーのマスターベーション的な祝福」から女性ファンは排除されていた、という論[13]もあるが、ファンとしての層は異なるにせよ、女性ファンもまたロックの性的魅力に酔いしれていたことになる。同時に、彼女は決してロックスターのルックスだけに引かれていたのではなく、その音楽的魅力についても大いに語り、さまざまな音楽ジャンルのバンドのライブに足を運んでいる。また、彼女には処女へのこだわりがあり、いわゆる挿入を伴う性交は、何人もの男性との性的関係を経てから経験する。しかし、その事実は彼女の性欲の描写にはほとんど影響を与えていない。「たくさんのサテンのズボンに顔を埋めたくせに、まるでそこにツタンカーメンの秘宝でも隠れているかのように処女だけは手放さなかった」「ジミ・ヘンドリックスとエクスペリエンスがもうじき街にやってくることを知っていたわたしは、ノエルを自分のリストの第二の男性にしたくて病院のベッドの上〔肝炎での入院中：引用者注〕で歯ぎしりをしていた[14]」というように。また、「ああ、あたしはあの人のからだ中を、上になったり下になったりして動き回ったの[15]」という記述からは、男性に自分の身体を「動き回」られたのではなく、自分が主語になりセックスを楽しんでいる様子も読み取れる。

さらに彼女は、視線の客体としての女性としてではなく、男性の美や性的魅力を主体的にみて、めでている。アイアン・バタフライのダリル・デローチに対しては、「キラキラしたピンクと白のサテンの服を汗でぐしょぐしょにして、まぶしいライトにやせた胸をさらすのが、彼の濡れた魅力の一番のポイントだった」「ダリルを見たとき、あたしはパンティが濡れるほどゾクゾクしちゃったわ。（略）あのすてきなペニスを握りしめそうになる自分を必死で止めなくちゃならなかったくらいにね」[16]。ステッペンウルフのニック・セント・ニコラスについては、「からだの線を見たくてシーツをおろしたの、胸のところで両手を組んでいるあの人の姿といったら」[17]など。

ステージの上でもそこから降りてもある程度ナルシスティックに振る舞うロックスターが相手だったからこそ成り立つ関係だったかもしれないが、ジェンダー規範に逆らった主体的に「見る」女の表象は、根強いジェンダー非対称的な美の秩序のなかで新鮮に感じられた。また彼女は、「あたしはミック・ジャガーとおねんねして、バリトウ・ブラザーズと空を飛んで、世界的に有名になりたいの」「もしかしたらあたしたちは最初の女の子だけのロック・グループになって」「自分たちのグルーピーを引き連れて、世界的に有名になれるかもしれないのよ」[18]というような名声や金銭への欲望も隠さない。

主体的に男性の身体を「見」て美を楽しみ、自らの性的欲望の実現や社会的成功のために主体的に動く様子は、ともすれば、ジェンダーや資本主義による権力構造からの不利益を受けない恵まれた層の言い分であり、それらの構造に都合よく利用されるだけである、というフェミニズム的批判が生じうること、そのためにそれをかっこいいと思ってはいけないという「呪い」も容易に推測できる。しかし、欲望を実現することが権力構造の犠牲者になることを意味するという古くから続く議論は、ともすれば女性の主体性を奪ってしまうことにもなりかねない。欲望の実現がもつ政治的意味を問うには、同時に現在の権力構造をどう認識しているのかについてもみていく必要がある。

性の二重基準やジェンダー規範への疑問

彼女がいわゆる「処女を捧げた」ミュージシャンは、彼女の初めての「性交」後、冷酷な態度をとる。その経験にいらだった彼女は「くずが、堕落が、梅毒が、淋病が、麻薬が、ファックが、ばかな男の子たちが、メセドリンが、自分のペニスと麻薬のことしか頭にないやつらが、はびこっているわ」[19]と怒りを示す。また、自分に甘く女性に厳しいという別の男を相手にしたときには、「彼のもじゃもじゃの眉毛のあたりには、男は許されても女はいけないというダブル・スタンダードがのぞいていた」[20]と述べている。結局、彼女はこれらの男性ときちんと批判的に向き合うことなく傷ついて関係が終わるが、ロックの文化やその界隈の男性たちとの関係などほかの快楽を次々と楽しみ、一人の男だけに依存しつづけることはない。彼女の気づきは中途半端ではあるし、怒りとそれを表明できない自分との間で揺れ動く気持ちもあり、この書籍を読んだかぎりでは結果的には抵抗らしい抵抗はできていないが、フェミニズム的価値観が存在する社会を経た少女の感情がそこにはあったとみなしてもいいのではないだろうか。

彼女が参加するバンドGTO'sの歌詞やインタビュー記事からは、既存の価値観に抵抗的な彼女らの性に関する考え方を垣間見ることができる。ロックスターと寝るだけの頭が悪い女たちという社会的な非難に対しては、雑誌インタビューのなかで、「ミュージシャンたちっていうのは、本当はとても知的な人たちで、あたしたちもそういうふうに彼らを扱ってるわ――種馬としてじゃなくってね。そんなことをしたら自分たちもあの人たちも非人間的に扱うことになるもの」と、性の主体としての立場から自論を展開し、しかし、のちにミック・ジャガーについては、本音では「種馬のように扱いたかった」[21]と述べている。性の二重基準の規範にからめ取られた存在として自分たちが扱われていることを理解したうえで、それを逆手にとった態度は、性的魅力を売りにしたロックスターに対してであることを考慮しても、「そうではない」女性の立ち位置を示そうという情熱が感じられる。

また、GTO'sの楽曲でも、「あたしは会いたいと思った人にはだれでも会うし／なりたいと思う人間になる／見つけたいと思う宝物もみんな見つける」[22]（"The Ghost Chained to the Present, Past and Future (Shock Treatment)"）と歌っている。さらには、性欲に支配された男性たちをさげすんだ気持ちを歌った歌（"The Moche Monster Review"[23]）など、男性の性を前にして女性が黙り込むのではなく、それらを女性の口から語るという主体性を示している。

女同士の絆とエンパワー

ミス・パメラの考え方や行動は、常に友人のグルーピーの女性たちとともにある。男性にひどい扱いを受けたときや失恋時には友人が慰め、あるアーティストの家でポルノまがいのショーがおこなわれたあとに、その場にいた女性が「不快だ」と口に出して言うのを目にして、彼女に親近感を抱いて深い友情を結ぶ。[24] 特にのちにGTO'sのメンバーになる親密なグルーピーたちとは、多くの女性が集まっていても「いつでも真ん中にわたしたち五人がいて、手をつなぎあって、まわりで見ている人間たちを刺激したり反発させたりしようと企んでいた」[25]。彼女一人で社会と向き合うときよりも、GTO'sとして言葉を発するときのほうがメッセージ性がより強いのは、対メディア用にプロデュースされた存在であることが大きいだろうが、女性同士の絆によるエンパワーが多少なりともプラスに作用していたのではないかと思う。また、彼女に刺激を与えた重要な人物として、通称「石膏のシンシア」と呼ばれる女性がいる。彼女は、自分が性関係をもった男性ロックスターのペニスを石膏で型取って芸術作品にする。この活動自体、女性が身体のパーツとして対象化され、意志をもった個人として扱われないジェンダー構造へのアンチテーゼとも捉えることができ、十分にフェミニズム的である。パメラはシンシアの活動を尊敬し、ロックスターへの欲望をともに語り合って共有した。[26]

ミス・パメラは結局は対幻想的に運命の相手を求め、見つけて結婚する。しょせんは女性の性解放は結婚相手を自分で見つけるための方法、という構図に当てはまると捉えられなくもない。また、著書には自由奔放な欲望の一方で、家庭をもつ女性への憧れや結婚への願望についての記述もしばしばみられた。二十代半ばになったときに後続の十代のグルーピーたちに「年寄り」扱いされたパメラが、誰か特定のロックスターの妻の座に収まることでロックの場に居場所を確保しつづけようとする様子も、女性同士の絆どころか、古くからの女性の分断、最近の言い回しでは既婚女性を独身女性よりも上位とする女カーストと呼ばれるような構造を如実に示していて、つらい気持ちになる。

とはいえ、ジェンダー構造への疑問、抵抗、女性同士の連帯、そのうえでの女性の欲望の主体性など、女性が欲望をもって動く際の重要なファクターが『伝説のグルーピー』の随所にみられることは事実である。だからといって、このケースに限定したとしても、こういう要素があるからグルーピーは完全に主体性を確立していた、と断言する気はない。女性の欲望は、権力構造に抵抗する側面「も」もっていて、それらは再考に値する。筆者がいえるのはここまでだが、男性中心主義的な文化の客体になるか、主体になるかという問いの答えは単純なものではないということが、ミス・パメラの語りからはうかがい知ることができる。女性が自らの欲望を主体的に満足させるために行動することが性の二重基準やジェンダーの構造に加担する、というだけの帰結ではなく、女性たちのなかにジェンダーのあり方への疑問や女性同士の絆が生まれていったエピソードは、十分に筆者のなかの呪いを解き、オルタナティブな生きられた政治を感じるきっかけになった。

さらに、GTO'sにはこんなエピソードもある。GTO'sに続く若いグルーピーらに対し、レッド・ツェッペリンのロバート・プラントは、その軽さを指摘し、「ばか騒ぎをやるとなったら、GTO'sはおれたちに負けてなんかいなかった」(27)と語っていたということである。これを、男性に認められる「名誉男性」になることでホモソーシャルなロックの場にいることができた女性の問題とみなすこともできるとは思う。しかし、この書籍に表れる会話などをみると、たまに登場する女性をさげすんで扱う男たちだけでなく、音楽的にも人間的にも性的にも彼女らに対等に接する男性たちも多く登場するように感じる。もっとも、ミス・パメラの主観的な描写に過去を美化している側面があることは否定できないが、そうだとすれば彼女自身がそうした関係性を望んでいたともいえるわけである。個人と個人の関係性のもと、男女がともに自身の欲望のための主体的な性的快楽を楽しんだ、あるいはそうありたいと願う女たちがいた、歴史の一場面とみなすのは楽観的すぎるだろうか。

男女がともに敬意をもった関係になることとは、ジェンダー構造に挑むフェミニズムの一つの達成目標である。荷宮和子は、一九八〇年代後半から九〇年代初頭のバブル期の女性社員と男性社員との関係について、成功する女性をねたむ男性もいたが、若い世代の男性のなかには頑張る女性を応援する空気があった(28)と述べている。ある具体的な現象がフェミニズム的政治性をもつかどうかは、それに対する社会の反応とともに判断する必要がある。反応とは、社会意識の変化かもしれないし、あるいはバックラッシュかもしれない。それら(GTO'sの生き方、女性の社会進出など)によって、男性の意識が変化するという現象が本当に生じたのなら、その反応は、それらがフェミニズム的政治性をもった現象だったという一つの指標になりうるのではないか。

「フェミニズム」の呪いとして筆者が感じたもののなかには、教条主義的で、これは女性差別的かそうでないかをイチゼロで判断しないといけないような部分があった。しかし、ある現象がまるごとフェミニズム的政治性をもつものでなくてもいいと筆者は考える。矛盾し、混乱し、模索して生きていく人々の営みのなかで、フェミニズム的現象を評価し、そうでない現象は批判する。この繰り返しで社会は変化していくのではないか。いつでも一貫していなければならない、矛盾してはいけない、と強制されるのは立場が弱いほうだし、ある程度同じ方向を向いている人々同士が相手の矛盾を突きつぶしあっていくのは見るに堪えない。実際、性の二重基準や男性中心主義的な文化を批判するフェミニストも、都合よく客体化される力学に抗いながら自身の欲望を実現させようとする主体的な女性たちも、ジェンダー構造ではともに貶められる存在である。だから共闘を、というることが困難であるのは第2章でみたとおりだが、女性が自尊心をもって主体的に生きられる社会を目指すためには、ともに貶められる仕組みを暴き、切り込む突破口が必要だという認識が重要なのではないかと強く感じる。

女性文化としてのロック

もう一つの、ロックとフェミニズムの呪いを解くカギは、フェミニズム的な考え方をもつ女性たちのロックとのさまざまな向き合い方を知ったことにある。ウーマンリブの時代に実際に開催された催しの一つに、女性主体の事業レディース・ボイス社が主催し、さまざまな活動や有名女性アーティストらも関わって開催された魔女コンサートがある。魔女コンサートは、もともとは「「未婚の母K子さん」の裁判闘争のお金を作るために[29]」開催されたが、「このコンサートは、心を和ませ、昂めるためだけのものではなく、ひとつのアッピールでもあった[30]」ため、音楽を通じてさまざまな活動とつながる場になっていった。それらは、男性の活動家からは「もっと真面目にやれ、遊びながらやっちゃいけないって」言われたが、「いろんな女の人たちが運動の中で課題にしているものをステージにのっけちゃう。それらを音楽でつなげる。抗議するだけの集会でもない[31]」として、運動と音楽をつなげる女性ならではの活動の場として考えられていた。ここでの音楽はロックだけではなかったと考えられるが、「「女たち一人一人の手で作ろう」という制作姿勢に負うところが大きい[32]」というように、女性が演奏し、女性の手で女性独自のコンサートを企画する文化として受け入れられていた。ちなみに、「女性の手による」という姿勢は一九八〇年代アメリカのライオットガール・ムーブメントや九〇年代のZINEの発行を通じた若い女性たちによるフェミニズム的活動にも通じるものだが、「この姿勢は、マスコミ対策でも貫かれ、記録・報道もすべて自分たちの手でなされた[33]」という。

ロックの楽しみが女性の活動を後押ししたものとしては、一九八一年に関西の女性たちが開催した「女・女・女（かしまし）カーニバル」の前夜祭に、女五人のロックバンドである水玉消防団[34]が参加し、「激しいロックのリズムで女たちが踊り狂った[35]」ことも伝えられている。また、リブの活動としては、七八年に発行されたミニコミ誌「女一匹どこへいく」第一号の「私とROCK」という連載コラムで、「ロック的なものとは、音楽の一種ではなく、ある人の内部からつきあげてくるものが噴出したもの[36]」と、ロックの力に触発されてリブのミニコミ誌を発行するに至った経緯が述べられている。

また、第2章で扱った日本女性学研究会のニューズレター「Voice Of Women」の「編集後記」にも、「〝ピル〟のレコード聞きながら作業しました」「おしゃべりしているうちできあがり、なかなか楽しいものですネ[37]」と、ロック好きのある会員の家に集まり、イギリスのロックバンドPILを聴きながらみんなで楽しく作業をする様子をつづっている。さらに、主に既婚女性のさまざまな問題をフェミニズム的視点で扱うミニコミ誌「わいふ」誌上でも、「幼稚園の母親仲間で組んだバンド」で「リードボーカルで、電気楽器と渡り合って絶叫するのが役目」の女性が、家庭や仕事で「目の回るような日常をなんとか生き抜いていく「元気の源」」が、週一回のロックバンド」だったこと、耳の不調からバンドを諦めたあとも自分にとってのロックを探す様子がつづられている[38]。

男性文化としてのロックではなく、主に女性の集まりのなかで、女性の文化として受容されたロックは、ジェンダー的視点をもつ女性の活動を高揚させ、後押しした。女性たちが解釈し、フェミニズム的活動と親和性をもったロックのあり方には、憧れや希望を感じた。フェミニズムはロックが嫌い、と思い込み、気持ちを高揚させ、発散し、社会に抵抗して欲望に忠実に行動するというようなロックのさまざまな要素に「男性的」だというレッテルを貼り、違和感をもっていた筆者にとって、そういった思い込み自体が呪いでもあったと気づかせる一連の出合いだった。

もっとも、こうした「女性の手による」文化の創造を称賛することは男性中心的なロック文化のしんどさから女性を自由にし、エンパワーする重要な意義をもつが、それだけではロック文化がもつジェンダー構造の問題性や呪いに踏み込んだとはいえない。実際には、フェミニズムによる疑問を呈する力もまた、フェミニズム的姿勢を有する女性たちがロック文化を楽しむなかでの困惑や違和感として示されていることにもふれておきたい。

例えば、一九七三年のウーマンリブのミニコミ誌「女から女たちへ」では、「ロックは男のもの？」と題して当時の「ニューミュージック・マガジン」（ニューミュージック・マガジン社）誌上の女性とロックに関する特集への苦言を呈している。「女にロックはわからないを前提とした特集でもあるらし」いこと、「女性読者が反撥して」投書を寄せたことなどが記されていて、それらに対して「男二人の「男からみた、女の歌」の対談は、女性蔑視と安手の女性観で貫かれていてヘドがでる」[39]と男性によるロック文化への批判を示している。また、七二年のミニコミ誌「炎」には、ローリング・ストーンズのボーカル、ミック・ジャガーについて、「ミックはアンドロギュヌス（両性具有）の如く男にも女にも肉体をさらしていく」[40]など、そのセクシュアルな魅力について性別を超えた存在であるゆえのものとしてたたえる文章を掲載している。

また、ジャンルとしては必ずしもロックとはいえないかもしれないが、井上陽水の「傘がない」

の歌詞について、ウーマンリブの視点から興味深い記述がみられる。滝川マリはこの歌について、「歌詞の要約は「世界では戦争や事件が起こっているけど、ボクにとっての最大の関心事は、あの娘に会いにいきたいのに（雨が降ってきたから）傘がない、ことだ。」」とし、全共闘運動の男たちについて「〝それって、大事な事だよね〟、って口実で男たちは終止符をう」ったが、「りぶ運動は〝それって、たいせつー〟、って気づいて始まった」と述べている。すなわちここでは、男性の運動である全共闘運動は、大きな政治的事象よりも身近な問題が大事だからと運動から身を引いたことで終息したとされる。しかし、女性の運動であるウーマンリブは、身近な問題が大事だから、身近な問題を取り巻く政治性について声を上げていこう、考えていこう、としてそこから運動が始まった、ということである（だから「個人的なことは政治的である」というスローガンが大切にされた）。「社会性と個人性を分裂させたままどちらかを選ぶ、こんな図式で視るのではなく、全体丸ごとが私という存在だ、と視る見方。そう自覚する意識」[42]がここでは重視される。女性の視点からロック文化を見つめ直し、解釈し、発信することは、男性のホモソーシャルで女性差別的な文化に抵抗するのに十分に力強い手段だと考えられる。

また、一九九〇年代の女性学の活動でも、「女性学年報」第十四号に掲載された論文では、ロックがもつ女性差別的構造への批判から、それらに抵抗する表現としての歌手のマドンナの生き方やパフォーマンスについて考察している。[43]そこでは、八〇年代中期に「男性中心社会に挑発的に疑問を投げかける女性が（憎まれながらも）ロック界の中核部分で活躍するようになった」[44]、その潮流を作ったマドンナのフェミニズム的側面やマイノリティへの視点を評価している。そこでは、マドンナのセクシュアルなパフォーマンスがフェミニズムの文脈で批判される男性中心主義的社会に望まれるものではなく、「ロック界を支えてきた男性」たちからはむしろ反感を買い、「性のヒエラルキーに反抗する者」として「男性ではなく、十代の少女たち」に支持されていたことを述べている。[45]さらには、写真集『SEX』もまた、媚びない過激な性表現が、女性を消費したい男性たちには支持されずむしろ女性たちに受け入れられたことにふれ、[46]女性たちは「男性の思惑を超えたところで自分自身をプロデュースしていく彼女の能力と度胸に引かれたのだろう[47]」と語っている。

フェミニストのロクサーヌ・ゲイは、「あらゆる種類の音楽が女性を下に見ることを称揚して」いるが、「ああなんてこと」「気がついたら自分も声を合わせて歌っちゃったりするんです。私自身の存在が傷つけられてるっていうのに[48]」と、男性目線のロックやヒップホップにある差別性に気づきながらもそれらを好む自身の揺れ動きを語っているが、筆者自身が身近な女性たちと対話するなかでもこうした混乱が感じられる。「ロックを好むなかで、女子として感じたこと」として、「(女性同士なら)自分の好きな曲や好きな理由について積極的に堂々と話せる」が、「男性に対してはよほど親密でないかぎり、あまり自分の話はせず、教えてもらうことのほうが多い。あまりこちらが話しすぎてプライドを傷つけてしまってはいけないと遠慮してしまう」という意見や、「彼氏もロック好きで話が合うかと思っていたが、音楽の話になるとマウンティングのような状態になる。あるアーティストの音楽がいいと話しても、自分はこれも知ってるあれも知ってる、と知識を競うように畳みかけてくる。そういう関係に疲れた」というように、男性との関係のなかで、ロックが好きな女性としての自分が下位の存在になることへの違和感がそこでは語られていた。それらは、ロックは男性のものという「呪い」、男性のプライドは大切にしないといけないという「呪い」と、それによるモヤモヤする気持ちだった。

また同じく身近な対話のなかで聞かれた、「英語の歌詞はわからないものがあるので、女性差別的な歌詞を好きだと思ってないか気になってしまう」「だめだけど、音楽そのものは好きだから仕方なくそれを許すこともある」という納得のいく聴き方の模索は、女性差別的な文化の呪いとともに、楽しんではいけないというフェミニズムの「呪い」との折り合いのつけ方といえるかもしれない。例えば、前述のローリング・ストーンズは、その歌詞の内容からか女性差別的なバンドとしてしばしばフェミニストから嫌われる（女性を「しつける」DV〔ドメスティックバイオレンス〕のような歌詞の“Under My Thumb”など）こともあるが、ストーンズに限らず女性差別的な側面をあえて等閑視する選択肢も女性にはある。そしてそのうえで、自分の解釈で、自分のエンパワーにつながる側面だけを楽しむことも可能である。[49] このようなワリキリをして、そのうえで批判も称賛の回路も同時に有することは、女性がロックを楽しむうえでの方法論ではないかと思う。

さらに、男女での音楽の聴き方の違いを語ってくれた人もいた。「男性と異なると感じるのは、男性はアーティストや作品についての知識の披露やライブ・楽曲・演奏者の出来についての〝評論〟（好きな対象であっても評論する）が多い」が、女性は「あの曲をやってくれた」「この曲が自分にとってこういう影響があった」など、「前向きな〝評価〟や〝自分との関係性〟を語ることが多い」という。曲そのものを評価するというよりも、自分とその曲、そのアーティストとの関係性で演奏を捉える、という意味だと思われるが、このことは、男女のファン文化の違いとしてしばしば語られてきたこととも共通する。「「男が同じ趣味を持つ者同士で集まると、知識自慢などの競争が生まれるのに、これほどに繫がれるのはうらやましい」と漏ら」[50]す男性がいたという例のように、特定の事象へのファンとしての向き合い方に現状では男女差の傾向があることが述べられてきた。しかしながら、問題は、女性ロックファンが二流だといわれてきたように、ファンとしての姿勢のあり方も、男性に特徴的なものが正統かつ優位であり、女性のそれは劣位に置かれてきたところにある。女性ロックファンの姿勢が男性ロックファンのあり方への違和感とともに、またそのオルタナティブとして選択したものとして語られることや、それらが劣位に置かれることへのおかしさが語られる機会が増えれば、こういったジェンダーによる優劣の呪いを解くために意味があるといえるだろう。

これらの、男性中心主義的なロック文化への語りにふれるなかで、筆者のなかの呪いがある程度は解けていった。ロックはそもそも男のものであり、演者としてもファンとしても女は二流であるという意識は、自分自身がもっていた思い込みという側面もあり、自分のなかの権威主義的な部分に対する反省にもつながった。実際、筆者は女性のバンドをあまり聴いてこなかった。ロックのパワーは男性による演奏だから、男性ボーカルだから感じられるものであり、女性のロックだとそのパワーが落ちるというようなつまらない発想をもっていた。もちろん、ジャニス・ジョプリンもパティ・スミスも好んで聴いていたが、どこかそれは、女性とは別のもの、悪い言い方をすれば名誉男性のように捉えていた部分があるかもしれない。フェミニズム的なものも含む女性たちの主張を歌ったようなバンドでさえ、男性にプロデュースされた売り物と感じ、どこか冷めた目で見て心から楽しめなかったところもある。しかし、実際にフェミニズム的な生き方の女性たちとロックについて語ったり、女性によって書き残された記述にふれたりする過程で（特にリブのロックに関する文章を目にしたときには衝撃と心強さを感じた）、さらには、グルーピーの主体的な欲望を知るなかで、自分自身にかけられていた呪いからも自由になった。思えば、かつてはとにかく情報を集めたり音源を収集したりといういわゆる正統なロックファンのあり方とされてきた聴き方をしていたが、いまは自分自身のなかで、ときには嫌いな部分は嫌いと言う自由も含めて、自由にロックと向き合うことができていると感じる。ロックの文化のある側面がジェンダーや人権の観点から許せなかったとしても、この部分は好きだと言う自由、かつ、誰かから批判されるべき部分について、それを理解したうえで、自分がどうそれが好きかという責任をもつ姿勢はどんな場面でももっていたいと感じながら。

3 「エロ」はフェミニズムの敵なのか

ここまで述べているように、筆者自身はフェミニズムに共感し、フェミニスト的な活動にもしばしば関わってきた。さまざまな考え方のフェミニズムやフェミニストと出会ってきたつもりではあるが、考え方や立場が違う（主に）女性とどのように関係を築いていけばいいのか、自分のなかで落としどころをどうつければいいのか混乱するイシューがある。それは、性的なこと、いわゆるエロに関することである。性関係をもつこと、性表現、性産業などさまざまな場面にエロは存在する。それは、欲望であり、多くは男女の非対称性や女性差別と結び付くものであり、筆者にとってはポジティブなものでもネガティブなものでもあった。

本章の冒頭で述べたような「フェミニズムとは、エロを嫌う」というイメージが筆者のなかに長らくあったし、いまもある。しかし筆者自身は、性的欲望や好奇心のために、女性の身体を描くものを含む性表現を楽しむ機会もあれば、性産業や性風俗を文化として否定するのではなく、そこで働く人々の権利や安全が守られるべきだという考えももっている。さらには、女性もまた欲望を充足させるために利用可能な性的サービスが増えればいいとも考えている。性に関するさまざまなことを性差別と捉えるか、女性の性的主体性との関連で捉えるか。ロックに関する前節でもみたとおりだが、筆者にとってのフェミニズムは前者のイメージが強く、そのため筆者の性への向き合い方はフェミニズム的には否定される可能性もあるという思いをもっていた。女性の欲望については、先ほどのグルーピーのくだりなどである程度は落としどころを見つけられたが、それ以外に筆者が出合ってきたフェミニズムと性に関するイシューをいくつか紹介して、性やエロに関するフェミニズムとのジレンマとどのように向き合ってきたかについて考えてみたい。

性の二重基準をめぐる問題

フェミニズム、なかでも一九六〇年代に勃興したラディカル・フェミニズムの大きな功績の一つに、男女の性の二重基準があることを明らかにしたことがある。繰り返しになるが、性の二重基準とは、女性には家庭内での生殖としての性だけを求め、男性にだけ家庭外での快楽としての性を求めることを許す仕組みを意味する。

近代の一夫一婦制では建前としては夫婦ともに貞操の義務を負うが、現実には男性には性的自由が認められていて、そのため女性は貞淑な妻か、男性の婚外性関係の「相手をしてくれる女性」としての娼婦のいずれかに分類される。[51] すなわち、男が求める役割によって女は「聖女」と「娼婦」に分断され、前者は「娼婦に対する蔑視をあからさまにし」、後者は「カラダをはって生きている職業婦人」として前者の「依存と無力さを憫笑[52]」するという対立関係に置かれることになる。

「聖女」と「娼婦」は対立関係に置かれるが、それぞれのカテゴリー内では女性が連帯しているかといえば、そうではない。誰が男性に「選ばれる女性」かをめぐって、「聖女」同士、「娼婦」同士でも分断や対立が生じる。

女性は性欲をもたずに産むことしかしない妻・母的女性と、男性の性欲の相手になる娼婦的女性とに分断される（もっとも、筆者自身は売春と女性の性的主体性は両立しうると考えている）。この女性の分断の構造は、妻・母的女性同士、娼婦的女性同士の間にも、よりよい男性をめぐる敵同士という関係性として作られる。この二重基準への批判的視線は、日本では、日本の第二波フェミニズムといわれているウーマンリブの主張のなかに見て取れる。田中美津は、当時ビラとして撒かれた「便所からの解放」のなかで「男にとっては女は母性のやさしさ＝母か、性欲処理機＝便所か、という二つの存在としてある」「現実には結婚の対象か、遊びの対象かという風に表われる」「女は、やさしさと自然な性欲を一体としてもつ自らを裏切り抑圧していく[53]」として、女性を人間ではなく部分として扱う性の構造に対する的確な批判を繰り広げ、それへの抵抗のための運動の重要性を訴えている。

性の二重基準の文脈では、女性が自らの快楽のために性的に解放されても、それは男性の性にとって都合がいい、いわば娼婦的女性を増やすだけだとして、真の性的自立にはならないとみなされることになる。

女性の性的欲望については、リブでさえ真正面から向き合うことが避けられていたという。田中亜以子はリブのミニコミを分析するなかで、リブのなかでは女性が自らの快楽のための性的主体になることには言及しないで、「コミュニケーション」としての性関係を重視する主張が多くを占めていたことを明らかにしている。[54] もっとも、この場合のコミュニケーションとは、近代家族的な男女非対称な「愛」の規範とは異なり、女性の能動性を示すものであることにはふれているが、性的快楽や欲望に焦点が絞られなかったことについては、女性の性に対して欧米以上に偏見の目が向けられる日本ならではの事情があったのではないかと述べている。

一九六〇年代の欧米のフェミニズムでは、「女性が「セックスを歓ぶ権利」を求めることは、ベッドの中まで貫徹する男性優位を覆す上で、政治的に重要な位置を占めていた」[55] というが、このような立場のフェミニズムはその後のフェミニズムの潮流のなかで主流にはなりえなかった。例えば、八〇年代のポルノグラフィーの暴力性をめぐる議論のなかでは、ポルノ規制派、男女のセックスそのものの暴力性を訴えるフェミニズムが力をもち、ポルノグラフィー賛成派のフェミニズムとの間には議論が起こった。[56] もっとも、現実に女性を性的価値だけでジャッジするセクハラ的な文化や、ときとして低年齢の少女までもが消費の対象になる深刻な問題がある以上、性差別的な性表現への批判は必要である。しかし、どういった表現が性差別的なのか、例えば、女性であっても、自身の性欲を満たすため、またはそれ以外の理由で性表現を好むことはあるだろうし、そうする権利もある。女性差別的にみえる性表現も違う側面をみれば、女性がエンパワメントされるかっこいいセクシーさである、という場合もあるかもしれない。こういった、女性が性的表現を消費する権利を求める立場もまたフェミニズムであり、両者が折り合いをつけることは難しい。

セックスワークとフェミニズム

また、フェミニズムでしばしば議論されるもう一つのテーマに、いわゆる売買春、セックスワークに関するものがある。フェミニズムのなかには、「女性が「売春」に従事させられるのは、家父長制下での男性への従属と資本主義下での持たざる者への搾取」であり、「性奴隷制」であるという考え方がある一方で、「ほかに財政的基盤を持たない人びと、あるいはほかの人のニーズを満たす意義がある職業だと考える人々にとって、合理的・実際的な選択肢」としての「セックスワーク」であるという考え方があり、そしてその中間、「売買春が何であるか、それがどのように認識されるべきかは、コンテクストによって違い、売買春は「性奴隷制」か「セックスワーク」か、といった二者択一論では理解できない」と主張する考え方もある。[57]セックスワークの立場では、売買春は身体を捧げる行為ではなく、決まった時間に身体を使用したサービスをおこなう労働であり、女性にはそれを選択する権利があることを肯定する。その際、セックスワークの現場での性差別や暴力をなくすこと、人権が守られる労働の権利を求めていて、そのための具体的な手段をも検討している。すなわち、性産業に伴うジェンダー差別を問題とする意味では両者は同様だともいえるが、どのような形態であれ、性産業には性暴力にもつながる根強い性差別が存在しつづけると考える否定派のフェミニズムからは、セックスワーク肯定のフェミニズムは理解できないことになる。

筆者が、性と女性とフェミニズムの呪いを解く一つのヒントとして出合ったのは、こういったセックスワークに関する主張だった。セックスワークをめぐる議論には、フェミニズム（の一部の目立った主張や活動）の反省点や、結局のところ多様な個人（「女性」だけでなく）の尊重に向き合うとはどのようなことなのかという根本的な問いがある。例えば、脱貧困（＝実質は貧困に「ならないように」）の文脈で、セックスワークへと「堕ちていく女性」というスティグマ的な捉え方がしばしばなされる問題に加えて、フェミニズムの名のもとに、男性中心主義的な性のあり方の象徴的なものとしてセックスワークがやり玉に挙げられる様子は、何度となく目にしてきた。

極端な話、いま、解決したい何らかの問題を抱えている個人がいたとして、その解決すべき問題そのものに向き合わず、その問題に関係するさらに大きな社会問題の解決のためにその個人を利用する、あげくの果てに「大きな問題の解決はあなたのためにもなる」と一方的に説得するようなことは、人権の観点からみて言語道断な振る舞いだと感じる。それが極端ではなく実際にフェミニズムの名のもとにそういった態度がとられるなら、看過していいことでは決してない。大きな社会問題と個人の問題はつながっている、というフェミニズムのスローガン「個人的なことは政治的なこと」とは、個人的な問題はその人の不運や努力不足や自己責任だけで語られるべきではないということを暴いた言葉であって、それぞれの個人がそれぞれに抱える悩みや問いを軽視することにつながってはいけないはずである。

しかし同時に、「個人的なことは政治的なこと」という信念のもと、フェミニズム的活動や思想が明らかにしてきた社会の仕組みとジェンダー構造をまったく無視しては、個人が出合う問題の解決は困難な場面も多々あるだろう。そもそも、女性が性的な文脈で出合う困難について声を上げることさえ許されなかった時代は長かった。

あるフェミニストたちは、その仕組みを破壊したいばかりに、女性たちの欲望や選択を否定してきた。セックスワークに関しても、セックスワーカーの女性のスティグマ化にもつながるような言動を繰り返してきた。そうした一部のフェミニズムは、女性の性的価値が女性の主体的な選択であることを否定してきた。それは、あくまで男性中心主義的社会の欲望に沿うように都合よく利用されているだけだ、と。あるいは、簡単に変えられない男性中心主義的構造がもどかしいばかりに、セックスワークを否定することになったのかもしれない。

とはいえ、女性を一方的に性的に消費したり貶めたりするジェンダー社会構造があることは、それをデフォルトや不可視なものとせず、疑ってかからないといけない。このことは大前提である。つまり、性的価値を、個人が生かせるほかの能力と同様に論じることは現時点でのジェンダー構造では難しいのではないか。どうしても、性的価値の内容の一部（すべてではない）に、女を下にみる優越感という価値観があるだろうという懸念は拭い去れない。尊重されて安全に働く権利を求めるうえで、こういった価値観が変革されることは必要だ。

そういう意味では、フェミニズム的には、男女ともにサービスとしてのセックスを堂々と楽しめて、後ろめたい気持ちになる必要もない社会が理想だと感じる。しかし、そうではない現状がまだまだある。風俗話にまつわる不快、親密な人を不快にするかもしれないこと、それらにはふれてはいけないような感情、ジェンダー的偏りに基づく不快でも我慢しないといけないこと、などの問題は拭い去れない。このあたりを曖昧にしたままでは、セックスワークを取り巻く文化は人間らしいものにはならないと思う。

とはいえ、性がどうにもならない生来的なものであり、女性を家父長制のもとで子を産む女か、差別され利用される娼婦かに分断するものであるという「呪い」、そしてその犠牲者になりたくなければ、性的な関心や欲望を否定せざるをえないようなフェミニズムの「呪い」は、どちらもセックスワーク論の考え方を知るなかで解かれていった部分がある。性は抽象的なものではなく、さまざまな価値観や規範をまといながらも、現実に存在するイメージや行為であり、その価値づけをするのは当事者であるという心強さは、性の二重基準を打ち破るツールにもなりうると感じた。

もう一つの性をめぐる新たな視点を得たのは、一九九〇年代以降の比較的最近のフェミニズムの動きを知るなかでのことだった。九〇年代になると、第二波フェミニズムの批判的継承を目指す第三波フェミニズムと呼ばれるさまざまな現象が起こるが、そのなかでも「現時点の」フェミニズムでは、女性の性的欲望（と権力や金銭的欲望）の軽視が問題化されている。男性中心主義的価値観の否定が背景にはあったのだろうが、これらの欲望からなるべく清廉潔白であろうという空気が第二波フェミニズムのなかには存在した。このことに対して第三波フェミニズムと呼ばれる言説のなかでは、それらの空気は外部からのイメージとして「フェミニストはいまだ、しばしば耳障りで、男嫌いで、魅力のないものであり、そしてレズビアン(58)」であるという偏ったイメージで考えられているという主張もあるが、女性自身が暴力的なポルノグラフィーを見て性的興奮を覚える現実と、フェミニズム的な「女性への暴力」としての性への批判を内面化する自分との矛盾に苦悩する様子[59]が示される例もある。また、ポストフェミニズム的ではあるが、女性が欲望をもち、力をもつことを否定するフェミニズムに対し、それを「犠牲者フェミニズム」だと批判し、金、権力、そして性的欲望をもつ重要性について述べるナオミ・ウルフのような主張[60]もある。

ウルフは、男性に定義されるのではない女性の性的快楽のためには、男性の視点による「性革命」とフェミニズムが批判してきた従属的な性としての女性のあり方しか性の手本を知らない若い女性たちに対して、上の世代の女性が自らの実際の性体験を語るべきだとも述べている[61]。そのうえで、女性の性欲を肯定した多様な経験に基づいた性体験のあり方を知り、「よりよい性文化を形作るための質のよい性情報を得」ることが女性のセクシュアリティにとって必要だと主張する[62]。

これらのウルフの主張に完全に賛同することはできないものの、フェミニズムにとっての女性の欲望の意味を考えるうえで一つのヒントになるのではないだろうか。すなわち、女性の性的欲望をはじめとする「欲望」を、ジェンダー構造に再び巻き込まれることなく実現するためには、このような具体的実践や、それらがもつジェンダー構造へのはたらきかけ、政治性を明らかにしていくことが重要なのではないか。セックスワークに関する議論と同様、神秘的で女性を縛る何かではなく、実践的な何かとして性と向き合う言説から、性の呪いを解く力を感じた。関連して、一九九〇年代当時、筆者自身は大学でフェミニズムと出合う経験はしていたものの、活動に携わることはなく、そのかわりＨＩＶ（ヒト免疫不全ウイルス）感染の予防啓発などエイズ（ＡＩＤＳ）関連の、また性的マイノリティに関する活動やイベントなどに関わっていた。セーファーセックスや性と人権に関するさまざまな議論にふれるなかで、ここでもやはり観念ではなく実践的な性のあり方が重視されていること、そして男女だけの仕組みのもとに性はあるわけではなく、性に関する関心を堂々ともつことは可能だし、それを楽しむ文化もあることを知り、自由を感じた。

ここで、現実に女性差別的な性を感じた場面についてもふれたい。例えば、現状の性産業が女性差別的な価値観を擁している場合が多いとするならば、次節で扱うように、酒の席での男性たちによる風俗話を不快だと思う権利はある。この場合、筆者が不快な理由は二つある。一つは、女性差別は一般的にはよくないものとされるが性の領域では許される、という態度。もう一つは、女には楽しめない男だけにわかる文化、娯楽としての優越感が感じられること。普段は性別なんて関係ない、対等な仲間としていても、ことエロの話題になると、やはり「俺らは男」的な態度になる男性は信用できない。妻や子どもに言えないことなら、そういう場でも話してほしくない、と思う。

また、そういった場合に、筆者自身も性産業や性的なメディアに関心をもち、わずかながらにそれらとのつながりの経験があること、セックスワーカーの人権を守る運動があることなどを話すと、男性がとたんに言葉少なになるという経験を何度もした。つまり、そういった男性たちが語りたいのは性風俗に関する話題ではなく、自分たちのホモソーシャルな文化だけを守り、優位にいられる話題なのではと感じたのである。この社会のジェンダー構造では、男性からのセクハラ的な猥談に抵抗して切り込むのにも、エロネタを小出しにしないと女としての価値が下がるとされ、女性が立場的に不利になる危険がある理不尽さもある。何度もいうが、エロいものが好きで、かつセックスワークを労働として尊重すべきと考えるフェミニストとしても、このあたりの曖昧さから目を背けてはいけない。フェミニズムを知り、モヤモヤすることの背景にある仕組みを知っていることは、私自身の精神を守ることにもつながると強く思った。

セックスワークは性差別か、権利や安全が守られるべき労働か。ともに性差別や暴力そのものを肯定するわけではないこの二つの立場がつながれて、かつ誰もが見過ごしてはいけないこととは、なによりも「性の二重基準」なのではないかと思う。男性にだけ自由で暴力的な性を許し、女性には貞操を押し付けて、男性の性の相手になる女性にはレッテルを貼って差別する構造。この構造をもっと暴いて変えていくことは、いずれの戦略にとっても重要になるのではないだろうか。そういう意味で、筆者は女性向けの風俗ももっとあっていいと思うし、セックスワーカーへの偏見とともに、性的サービス利用者の女性に対する偏見もなくしていきたい。また、「〝女〟にとって何が性の〈商品化〉に該当するのか、結婚制度や他の労働でも性の〈商品化〉と言えないのか[63]」という言葉は、性産業だけを特殊化することなく、この社会に女性を貶める構造があることを如実に示している。

性的欲望の自由のためには

最後に、性的欲望そのものについて記す。自分自身が欲望することが自由である一方、誰かが自分に欲望する自由もある。しかしながら、異性愛的な文化で女性が欲望される／欲望されない文脈はしばしばその女性の人格を無視したものであり、個人の尊重と相反することがある。自分の外見など性的価値の低さをジャッジされ侮辱されるときだけでなく、自分が性的に見られることを望むシチュエーションにあっても、これは男女非対称な関係を肯定しているのではないかとモヤモヤする経験がこれまでにも多々あった。プライベートな場で、自分は好奇心や自身の性的欲望によって男と関係をもちたいと思っているのか、それとも女性は性的価値を認められて一人前というジェンダーにのっとった承認欲求なのかを区別するのが難しいときもある。これらを女性個人が自己責任で乗り越えるべきだという考え方には、男性中心主義的構造を無傷のまま終わらせる危険性があると感じる。

女性が欲望をもつとき、男性とは異なる文脈で批判的な視線にさらされることもある。婚外の性愛（いわゆる不倫）や性風俗は、一昔前まで男性にとっては普通に楽しんでいたものだったのに、女性がそれらに関わると、社会からのバッシングを受けがちである。近年ではジェンダー非対称的な話題として語られる様子もみられながら、欲望をもつ女性へのバッシングはそのままに、気にくわない男性の不倫や風俗はその男性を叩くための都合がいい材料とされ、事例だけを並べれば男女平等にみえるような状況も作られている。

ここで倫理や道徳を持ち出して否定するならば、それらはフェミニズムが批判してきた家族主義や「正しい家族」を外れた者へのスティグマの設定に行き着く。また、性の二重基準的で女性差別的な側面はそれら自体を批判するべきだし、それで傷ついたパートナーへのケアに関しては、ほかの対立する生き方や意見などのさまざまな価値観のすり合わせと同じように対応するべきだろう。そういった婚外の性愛そのものが何らかのかたちで関わる誰か（性関係の当事者とそのパートナーなど）に「屈辱的な気持ち」を生じさせるものならば問題があるといわざるをえないし、批判的議論をしていいと思う。いずれにせよ、ジェンダーの仕組みによって性的欲望が社会に上手に組み込まれ利用されてきた側面を無視してその是非の議論はできない。ましてや、男女平等の名を借りた性的欲望やそれに関する文化の全否定など言語道断だと思う。

性のジェンダー非対称的な構造を批判したいときに、あえてほかの女性を傷つける物言いをする必要はない。また、女性はすべて性における被害者という見方は多様な事情をもつ女性たちに一方的なレッテルを貼ることにほかならない。女性の主体性や権利、エンパワメントはジェンダーを含む権力構造への視点とともにないと構造の強化や他者の抑圧に加担する行為にもなりうると意識することは大事だし、そのための多様性への想像力だと思うが、その構造を問うことが多様な事情をもつ他者の否定や侮蔑につながるなら、それはフェミニズム的ではない。もちろん、その話題を受けて女同士の対立をあおったり、背景にあるジェンダー構造への視点を切り落として議論したりすることがいちばん罪深い。こういった分断を避ける意味でも、生産的な議論が必要である。

語ることで、性がもつ家父長制的なからくりは暴かれ、魔力（的なもの）は消え失せ、実践的な議論をすることが可能になる。そうして「呪い」からは自由になれるが、しかしながら、語る自由と語らない自由はともに尊重されなければならない。タブーやフェミニズム的教条主義によって貶められる性に関心をもち、欲望する女性としての呪いが解けていく過程のありさまはこのようなものだった。

4　「酒場女子」をめぐるモヤモヤ

男性中心主義的な文化とフェミニズムの呪いとして、酒場の文化についても述べる。筆者自身は立ち飲み居酒屋や音楽（前述のとおりロック）を聴くバーにたまに好んで足を運んでいた。

新型コロナウイルス感染症感染拡大前のことだが、一時期、「酒場女子」という言葉をしばしばメディアで見かける機会があった。○○女子、○○男子、という表現は、基本的には、その分野にその性別が少ないときに使われる表現だろう。「イクメン」や「リケジョ」など、制度やメディアまで巻き込んで浸透したこれらの表現に対しては、「育児するのは母親だけじゃないのになぜ男だけもてはやすのか。そもそもただの「父親」だ」「理系分野で頑張る人に男も女もない」のように批判的に議論されたりもする。育児する男性や理系を志して活躍する女性が応援されていることは確かだが、諸刃の剣の面をもつことは否めない。

しかしながら、女性がその分野に進出してきたという意味での「○○女子」という言葉は、その分野自体がもつジェンダーの仕組みを浮き彫りにさせる効果があるように思えて面白い。男性が中心的な文化に女性が参入することは好意的に受け止められるのか、はたまた排除のメカニズムがはたらくのか。そこにはどのようなからくりが潜んでいるのか。

「酒場女子」については、例えば、人気番組『吉田類の酒場放浪記』(BS―TBS、二〇〇三年―)のスピンオフ番組として二〇一二年から放映されている『おんな酒場放浪記』[64]やドラマ化されたコミック『ワカコ酒』[65]、「Hanako」[66]や「STORY」[67]など女性雑誌が酒場をテーマにしたムックを出すなどの動きがみられる。これらのコンテンツの多くを、酒場を楽しむ女性たちは新たな文化として好意的に扱っている。

酒場という表現もそうだが、酒をめぐる文化には、嗜好品としての酒を楽しむ側面と、飲酒を介したコミュニケーションや場を楽しむという側面がある。女性が一人ないし複数で楽しむ自主的な娯楽である「酒場女子」の背景には、いわゆる女性の社会進出、「家」の外の「男性の領域」とされた場への参入と、女性の酒類の消費そのものの増加があると思われる。しかし、嗜好品としても交流の場としても、やはり酒は「男性の文化」である側面が強い。

近年は「女子会」としての飲み会も一般的になってきているが、そういった新たな「場」を作る文化としてではなく、酒場という文化と女はどのような関係になっているのか、ということが一人飲みが好きな筆者の関心としてある。これまでの筆者個人の経験としても、酒場での自分を考えるとき、そこにはやはり女性であるために生じるえたいの知れない何かが常について回る。自分の好きなことをしているはずなのに、自分の居場所ではないような「呪い」、それは筆者の被害妄想なのか、男女、ジェンダーの仕組みと関係する何かがあるのか。「呪い」から自由になり、「男」も「女」も楽しめる酒場の文化を夢想することは可能なのか。ここでは、ジェンダーの視点から女性と酒場の問題を考えてみたい。

酒場の楽しみを享受する女性

二〇一八年二月二十六日付の「Business Insider Japan」の記事に、「スナック女子急増中」というタイトルのものがあった。(68)記事内容は、「スナック女子入門講座」というイベントのレポートを中心にスナックに通う女性たちが増えてきた、それはなぜか、というものだった。そもそもスナックとは、「最も典型的には経営者である「ママ」が一人いて、カウンター越しに接客するような酒と会話を提供する店」であり、多くは「三千円くらいのボトルをキープし毎回のチャージも三千円くらい」「だいたいの店でカラオケがある」(69)場だという。古くは遊郭からカフェー、キャバレーなどの推移のなかにある飲酒を伴った社交場の一環として位置づけられる。ここではこうした酒を介した社交場の歴史や詳細には深くはふれないが、これらが主に男性の社交場だったことには着目したい。ジェンダー的視点で捉えた場合、そこにはサービスを提供する側、ケア的役割である側の女性と、金銭を支払ってサービスを受け取る側、ケアされる側の男性という役割の非対称性が見て取れる。さらには、（必ずしも酒場の女性が敬意を払われていないわけではないが）「水商売に従事する女性を蔑視しておきながら、しかし現実にはそうした女性が提供する社交性のインフラ」に男性が「ただ乗りする」(70)という構図がそこには存在する。

前述の記事では、女性がスナックを好む理由として、会社や家庭では話せない悩みを聞いてもらったり、普段とは異なる人間関係のなかで癒やしを求めたりすることを挙げてある。また、スナックに関するイベントの参加者の「まったく知らない他人の話を聞きたい。普通の場でそういう人と接点がなくて、軽く相談に乗ってくれるところがほしい」「ママはプロだから。トリマーとしてはプロだから、心のトリミングをしてもらうっていうか」などの言葉を紹介している。

かつてから、働く既婚男性が家庭の外での悩みを家庭のなかに持ち込む難しさ、だからこその酒場の意義は繰り返し語られてきた。仕事関係のつながり（記事では企業内の人間関係の希薄化もスナックの需要の背景として想定していた）や家庭外の酒場などが疲れた男性の癒やしの場所になった。なぜ家庭内では語りにくいことがあるのか。同じ役割経験をもたない妻には話しづらい、男の領域であることやそこへのプライドなどがじゃまをする、などが理由として考えられる。だからこそ、同じ経験をともにしている同僚か、もしくは同じ経験がかえって話しづらい要因になるなら、しがらみがない関係の酒場で「吐き出す」ことが求められたのだろう。そこに、聞き上手で癒やしを与えてくれる女性がいれば、なおいい、と。

高度経済成長期にいわゆる男女の性別役割分業が定着してから、女性の主な居場所は家庭とされてきたが、女性の社会進出が進めば、いわゆる男性役割をも引き受けることになる。それに伴って、仕事や人間関係やそれに伴う悩みも複雑化する。(71) 親しい関係の家族がいても家庭内で悩みを吐き出せず、癒やしを求められない背景には、男性と同様に家族が同じ経験をしていないために話題の共有がしにくいことに加えて、そもそもの性別役割分業でケア役割、すなわち「癒やす存在」だった女性は、その役割をもたない夫には「癒やし」を求めにくく、しかも自分が疲れていても夫をケアしなければいけない、ということがある。記事で紹介している「部下を育てるには威厳を保たないといけない。家庭では女性、妻とみられ、夫も仕事をしているので、仕事の弱音を吐きにくい」という働く女性の言葉がそれを示しているように感じる。そんな女性が、スナックを癒やしの場として求める必然性は十分にあるだろう。

ストレンジャーとのほどほどの距離感、しがらみを忘れて盛り上がれる関係、(主に女性の)サービス提供者による癒やしがスナックの魅力だとするならば、この構図は、程度の違いこそあれ多くの酒場にも当てはまる。しかし、前述の男性中心主義的社会が求める女性の役割に照らし合わせると、酒場で男性が求める「癒やしてくれる女性」は、いまだ従来のジェンダー的ケア役割を担う女性と一致するのではないか。言い方を換えれば、表の世界では女性に「女らしさ」を堂々と求めることができなくなった結果、インフォーマルな酒場という場で、「古きよき」それらがいまだ求められているのではないか。酒場という文化で感じるモヤモヤには、次にもみるように、そこにいる「女」がケア役割を求められているような、そんな「呪い」が根本にある。

とはいえ、酒場を楽しんだり酒場でのコミュニケーションから多くのものを得たりした経験や、記事にあるように、女性もまた「ママ」による癒やしを得たり酒場を楽しんだりすることが当たり前になってきた状況を知ることで、古めかしいジェンダーの構図にとらわれなくていいという機運が生じてきているという見方もできる。他方で、男性文化だった酒場のなかには、やはり従来のジェンダー役割を疑わない文化が、そのまま、もしくは形を変えて存続しているように思える経験もある。以下では、酒場女子がもつ、楽しい面とは違うほうの面、個人的なモヤモヤを書きつづる。

酒場とジェンダー

筆者自身は、積極的に飲み歩くわけではない（もともと出不精であるうえ、基本的には人見知りだから）が、酒場そのものは好きである。筆者がいわゆる「一人飲み」をするようになったのは、ある海外のバンドのライブがきっかけだった。ちょうどSNSが普及しはじめたころで、さまざまなバンドの来日情報などをネット上のコミュニティで共有していた。ある遠方の公演の終演後、誰かと会う約束もなく少し寂しい思いをしていたところ、とあるバーの関係者による、ライブの帰りにぜひ寄ってください、という（宣伝的な意味もあったのだろうけれど）書き込みを目にした。それまで一人でバーに行ったことなどなかったが、思い切って訪れてみた。そのバーはいわゆるロックバー、すなわちレコードで音楽を流して（CDやデジタル音源の店もあるが）酒を提供する店だった。それまで基本的に自分や友人の家、携帯オーディオ、ライブなど以外に音楽を聴く機会がなかった筆者は、酒を楽しみながら知らない人と一緒に音楽を聴き、そして語るという場を初めて経験して興奮した。SNSなどで共通の趣味の人と出会って語ることはできても、当時二十代の筆者の世代では生身ではなかなか出合うことができなかった古い洋楽の話などを楽しめる場を知ったことは、ロック好きとしての自分の人生のなかで大きな体験だった。

そこから、自分の地元や関西、何かの機会で地方に行ったときなど、自分の好きな年代やジャンルの音楽が聴ける酒場を探して訪れ、音楽を聴き語らいながら楽しむという趣味をもつようになった（日頃は決まった店数軒を回るぐらいで、それもコロナ禍以降は少なくなってしまったが）。また、その後に立ち飲み酒場ブームがあり、とある大阪の立ち飲みに勇気を出して訪れてからは各地で立ち飲みも楽しむようになった。

バーも立ち飲みも一人で訪れた場合は一人で楽しむことも可能だが、しばしば、近くの人との会話に自然と参加することにもなる。音楽を聴くバーなどは飾ってあるレコードや流れている曲など共通の話題が見つけやすく、盛り上がりやすい。何度か訪れて顔見知りになると、たわいがない世間話などをつまみにみんなで飲むのも楽しくなる。しかし、ときには不快な会話を経験することもある。例えば、音楽や映画の話題になると、好きだから話したいだけなのに、しばしば「自分のほうが知識や愛がある」というマウンティングをされる。また、自分の容姿や生き方をからかわれたり否定されたりする会話は特に苦手である。酒場は本音が出るから、ある程度のいやなことも経験するだろうし、それを受け流すのが大人だ、という考え方があるのはわかるし、事実そうしてきた。

しかし、特に自分が女性であることに関係する不快な経験については、受け流す自分に対してモヤモヤとせざるをえなくなることもある。

何度もふれてきたように、筆者自身は、いくつかのフェミニズム的活動にも関わり、しばしばジェンダーについて話す機会もある、いわゆる「フェミニスト」だと思う。「フェミニズム的」には、酒場での筆者の不快な経験の一部は「セクハラ」になる。筆者は昔から外見をよく笑いの種にされたが、酒場での「からかい」は、相手にとっての娯楽になることがある。なぜ「からかい」が娯楽になるのか。セクハラやいじめ全般にいえるのかもしれないが、笑いものにするだけでなく、誰かを見下すことでの優越感やそれによるストレス発散があるのではと思われる。多くの場合、「悪意」はない。相手にとっては、筆者と楽しく「交流」するための軽い気持ちの「おふざけ」だったのかもしれない。

また、こういった類いの「娯楽」では、筆者の生き方そのものがネタにされることもある。特にその場限りの出会いでは、自分の身の上は曖昧にして語ることが多いが、単身とみなされた場合に受けるからかいは、多くの場合、結婚や女性の性別役割を経験していないことへの見下しとセットになっていた。どんなに「生意気」な女でも、結婚生活（「選ばれる」ことや、ジェンダー化された「大人としての役割」）を経験していない以上、自分のほうが立場的に上である、という思い込みからか鬼の首をとったように説教されることもあった。一方、筆者にパートナーや家族があると認識された場合、ちゃんと「主婦」しているのか、「旦那」に愛されていないのではないか、などやたらとジャッジしてくる客にもしばしば出会った。どちらの場合も、いわば正月の親戚の集まりでのやりとりの娯楽要素を強めたような不愉快な会話である。また、容姿や年齢や役割など、女性としての役割や価値をばかにされる一方、性的なちょっかいを出してきたり隙あらば性的な関係をもとうとしたりする客もいた。外見を褒めるのもセクハラという認識は働く場ではある程度共有されるようになった[72]が、酒場ではまだまだである。

また、こういった「非礼」ほどではないが、しんどさを感じることに、男性客の悩みや自慢話などを聞いたり、ふさわしい反応をしたりといったケア役割を求められることがある。金を払って酒を飲みにきているのに、なぜほかの客にサービスをしなければいけないのか、と腹立たしい（きちんとした店の場合、さりげなく対応してくれるが）。実際、抵抗せずそういった文化を受け入れながら酒の場を楽しむことを優先することもあるが、それはフェミニズム的には否定的な態度になる、と責められているような気持ちも同時に起こる。とはいえ、こういう酒場の経験を通じて、差別と実践的に向き合う感覚はある程度身につけた。

自主的に飲みにきているのだからどういう経験をしようと自己責任ではあるが、女性であるために受けたと思われるこれらの経験について考えるため、酒場文化での女性の立ち位置の歴史に少し目を向けてみたい。

女性と酒場の歴史

阿部健によると、もともと農業が主要な産業である日本では、肉体労働の疲れを癒やすための濁り酒を自宅で作って飲む習慣があった。女性は農作業もしながら家事として濁り酒を作っていたが、やがて酒は「作る」のではなく店で買うものになり、女性が作りながら酒を「楽しむ」習慣も少なくなっていった。そのかわり、女性と酒に関して、「もてなす」という役割が形成されていったという。[73] また酒は、「冠婚葬祭をはじめ、農事や家事の節目」に消費されていたが、明治期になって男性の地位が高くなり女性の地位が低下すると、「女性は酒の場から排除され、男性がそれを独占するようになった[74]」という。また、明治中期になると、「キリスト教や仏教問わず、宗教的立場から禁酒を主張する大衆的な動きや世論が存在[75]」し、女性はさらに酒の場から遠ざけられた。酒からの女性排除の背景には、「供えものを通して、神を強健な酒飲みを典型とするような強い男と同一視[76]」する文化から、酒は成長した男性がたしなむものであり、女・子どものものではないという価値観もあった。

こうした酒と女性の関係性は、明治民法やキリスト教的男性中心主義の台頭で強化された家父長制による、男女の権力関係や性別役割分業の明確化の推移のなかに位置づけられる。さらに、この時期、花柳界では、芸妓そのものが「お酌」と切り離せない文化であり、「住む世界が違う」から と、男性同様に酒をたしなむことを「誰もが認めていた[77]」。このこともまた、家父長制に付随する価値観である性の二重基準、性的な女性である娼婦と、性的ではない女性である妻という構図が関係している。すなわち、酒を飲み男性とともに楽しむ（楽しまれる）女と、酒を飲まず男性をもてなす女、という構図である。また、明治期の農村部でも、それまでの「青年男女の共飲共食」だった宴の空間が次第に「男が主体」になり、女は「料理や酌をするように変わってい[78]」ったという。

大正期には、女性解放を目指す「青鞜」の女性たちが酒盛りを楽しむことなどはあったが、五色の酒事件や吉原登楼事件などで、それらは「悪評や非難中傷の的[79]」にされた。また、大正から昭和にかけてのカフェー文化は、芸妓や娼妓などの「玄人の女」と、そうではない「素人の女」との境目を曖昧にしたという。女性にとってカフェーの女給は前借りなどで雇い主の「隷属的存在」になる芸妓や娼妓、酌婦と比べて自活のために「手っ取り早く稼げる[80]」職業だった。「男性客からのチップをより多くもらうため」の「営業戦略としての色仕掛け[81]」などの性的サービスが伴うこともあったが、女給はいわゆる花柳界の「玄人」ではない。しかし「素人」女性には許されない酒を「否応なしに初体験[82]」する存在だったという。カフェーや女給の存在は、酒をめぐる「素人」と「玄人」という女性の分断に影響を与えた。一九六〇年代に出現したスナックの文化もまた、都市部を中心に「戦前のカフェーにあった文化的側面を残す場として機能していた[83]」という。

女性を酒や酒場から排除する一方で「もてなし」の役割を担わせる文化、また、酒をたしなみ男性を性的に楽しませる「玄人」女性と、飲酒から遠ざけられる「素人」女性とを分断する（もしくはその分断を曖昧にすることを楽しむ）文化の影響は、戦後の女性の社会進出などで大いに変化したが、それでも高度経済成長期には飲酒する女性への差別がまだ強く残っていた。(84) 女性が酒を楽しみ、酒場に出入りすることも珍しくなくなり、数十年を経て現在の酒場女子ブームに至るが、この明治期以来の酒と女性と男性の役割や規範は、やはり現在の酒をめぐる文化にも影響を残している。男性が楽しい気分になるように（客でありながらも）もてなす役割、その延長線上に、（女性にとって不快な）からかいという娯楽に反発しないで「空気を読んだ」受け答えをする「気遣い」、また、セクハラにも反発せず笑ってかわすなど、女性には性の対象として消費される役割が求められているように感じる。しかしながら、酒と女の歴史をざっと振り返ってみて思うのは、それはやはり作られた役割、作られた価値観にすぎないのでは、ということである。フェミニズムが教えてくれた社会の仕組みを読み解く思考は、なんにせよ筆者を元気づけてくれる。そして、酒を作ったり給仕したりする役割なのに、自分は楽しめず、消費されてきた過去の酒好き女子たちと、愚痴を聞いたりいたわりあったり、一緒に酒を楽しんでみたい、と思いを馳せる。

何度も述べたように、男性にだけ性的自由が認められるという社会の二重基準として、貞節を守る「家庭の女性」と性の対象になる「娼婦」という女性の立場間の分断をフェミニズムでは指摘してきた。しかし、前述のカフェーでの「玄人」と「素人」の基準の曖昧さのように、家事・育児でへとへとでも美しい外見やセクシーさが妻に求められるなど、現代社会ではこういった二重の役割の両方が（さらには男性役割までが）同じ女性に求められる傾向にある。その結果、男性を楽しませるために「性的であれ」というメッセージと、「性的であるな」、あるいはこんなところで飲んでないでちゃんと旦那のために尽くせ、などの「家庭的であれ」という矛盾するメッセージが女性に向けて発せられているのではないか。酒場女子が歓迎される一方で、いまだに眉をしかめる層がいることもまた、同じ性の規範の延長線上にある。女性が本当の意味で主体的に酒場を楽しめるようになるためには、この規範が解消され、「都合のいい」女性や不快でも反発せずに「かわいげ」を見せる女性でなくても、男性客と対等に尊重されるようにならなくてはならない。

誰もが尊重される酒場文化のために

前にもふれたように、上野千鶴子は、女性たちが趣味や社会活動など「ココロザシやタノシミが一致する契機をつうじて成立する、選択性の高い少人数の対面集団」[85]を「女縁」としてそこに意味を見いだしていた。「女縁」とはジェンダー役割のような「過社会化された役割」から「離脱」することが可能な「自由で開放的」な「選択縁」であるという。[86]いわゆる酒場での「女子会」は、「女縁」的なものを形成することができる意味で、性役割から自由である可能性は高い。また、酒場というものは、男女問わず、仕事や家庭のことを一時的に忘れて匿名で楽しめる場であるため、こういった「過社会化された役割」から解放されて自由になれる場という側面もあり、その意味で女性が酒場を楽しむ意義や可能性は十分にある。

しかし、「女子会」以外の酒場が、いまだに従来のジェンダー的価値観を内包したものである現実をそのままにしていいわけではない。女性にとっても男性にとっても、お互いを尊敬していい関係を作れない場は、いくら目先の楽しさがあったとしても貧しい。もし、伝統的な役割や文化を否定することを、「面倒くさい」とか「世知辛い」と感じる意識が酒場の男女に残っているのならば、酒場は貧しい文化である。

自分自身の経験も含め、特に女性の視点からの酒場の「モヤモヤ」をつづったが（男性であっても独身男性へのからかい、女性から男性へのからかい、またLGBTへのからかいなどのモヤモヤも想定される）、前述のような解放の心地よさや会話や関係を対等に楽しめる経験も多々あるため、筆者は酒場を楽しむことができている。「スナック女子」のような、もてなしや気遣いの役割を担うのではなく、「もてなされる」「癒やされる」女性も現れつつある。酒場で男性に都合よく消費されるだけの女性役割も、人権意識や働き方などさまざまなことが変われば、必然的に変わるだろう。「呪い」から解かれ、あらゆるセクシュアリティが気持ちよく楽しめるようになることを望むのは、そんなに非現実的なことではないのかもしれない。そう思えた余裕の先になら、女性をジャッジし、女性の営みを二流扱いするような性差別的なモヤモヤと酒場で出合った場合に、真正面から反論する以外の手段ももてるのではないかと考える。外見をやゆされる言動に対し、「そういう笑いってかっこよくないですよ」とか、「いま、私が不細工でデブなことってあんまし関係なくないっすか？」とか、笑いのなかで自分の酒場を楽しむ気持ちを守りながら言い返すかもしれないし、女はこうで男はこうだというの決めつけトークにも、「いや、私はこうなんで」とか「そういう考え方もあるんですねー」とか「めっちゃ博識なんですね。人生何回目ですか？」などの褒め殺しで反応するかもしれない。モヤモヤすることや呪いが十回あれば五回は笑顔で受け流すかもしれないが、四回はユーモアをもって反応し、でも一回は、店の人に断りを入れてから、まじめに怒りをもって言い返すかもしれない。いつかの夜に向けてそんなようなことを考えながら、酒場に思いを馳せている。

5　フェミニズムか反フェミニズムかの二分法を超えて

本章では、個人的な経験から、自身の「欲望」に関するフェミニズム的な向き合い方や揺れ動き、気持ちの整理をつづってきた。実際には、フェミニストとして自分がどうあるべきかを考える場面では、むしろ、差別に関すること、政治に関すること、人種やセクシュアリティなどさまざまな自身のポジションを考えて、簡単には語れないことのほうが多い。「自分の好きなもの」「自分らしい生き方」から出発すると、これはフェミニズム的なのかフェミニズム的でないのかを「呪い」と結び付けて考える機会をもてるため語りやすかったところはある。

欲望の三つのテーマにまつわる、ジェンダーの呪い、フェミニズムの呪い、そしてさまざまな出合いや気づきのなかでのそれらの解き方への学びは、これまで自分で意識していた以上に、固定的な枠組みでだけ物事を捉えていた自分のなかの「呪い」を知る行為でもあった。特定の事象にレッテルを貼るのではなく、その現場で生きられた営みでは何が志向され実践されてきたのか。特定の性を貶める文化や価値観に迎合するのではなく抵抗する方法がそこにあることは、筆者にとっては、一部のフェミニズムから断罪されながらも欲望に沿った生き方を選択する女性たちの名誉回復でもあり、同時に、強固な権力、運命としての性差別構造の縛りからのもう一つの解放の道筋でもあった。また、女性同士が同じ思いで、これまでの「呪い」を疑い、解き、消し去る言葉を語り合っていくことで、女性の連帯の萌芽を見いだすこともでき、それはジェンダー平等、ひいては真の個人の尊重の実現につながるのではないか。第1章でもふれたとおり、現在は、もはや差別などないとされるポストフェミニズム的状況にあり、女性間の格差や分断が生じやすい状況にあるともいえる。そこで、「女性だけが気遣い求められるなんておかしい」「女性だけがなぜこんな思いをしなければいけないのか」と、「仕方ないとせず、まずは語り合える状況が作られる」[87]だけでも、意義はある。

田中東子はポストフェミニズムに関する対談のなかで、女性の新たな集団化につながる例としてファンカルチャーを挙げ、「ファンカルチャーや二次創作の世界というのはいまの日本において、キャリアか非正規か、既婚か独身か、子どもがいるかいないかといった違いを割とさらっとはねのけて女性たちが集団化できる貴重な空間になっている」[88]と述べているが、「「女子」には、今日の学校文化が前提としている「男子」「女子」の対等な関係のイメージとともに、女性同士の絆を強く意識させる側面がある」[89]というような、何かを好きな女性同士が結び付くことによって発生する力は確かにあるだろう。田中もまた、「そのような結集力をもつファンカルチャーが、社会運動というほど改まったものでなくても、一つの塊として社会を変える影響力をもちうるかもしれない[90]」と述べている。しかしながら、河野真太郎は、それらは「ある種の消費者としての連帯」であり、労働者の連帯とは異なり、「階級の分断がすぐさま入ってきてしまう」「いざそこに何らかの分断が入り込んだときに、そのファンカルチャーコミュニティは果たして耐えられるのか[91]」と疑問を呈する。田中もまた、女性たちがSNSなどで「少しずつフェミニズム的な発言をはじめたり、女性たちの困難について互いに話し合う」様子にふれながらも、「それ以外の女性の集団化について考えることは難しい[92]」と苦悩を示す。分断が起こりうるきっかけとして、対談では政治的発言をめぐってのやりとりを挙げているが、政治に関する意識や政治との距離、階級意識を含めた差異、相互の尊重を阻害する分断をどう考えていくかが、女性同士がつながりあい、語り合うこと、「女縁」が何らかの社会変革につながるかどうかの課題になってくるだろう。フェミニズムの始まりにもつながる何らかのともしびを女性の文化に感じるところもある。

こういった実践への認識には、筆者のもう一つのささやかな経験が下敷きにある。筆者自身がフェミニズムの活動と出合う前にはHIV感染の予防啓発の活動などにも少し関わっていたと先に述べたが、そこで出合った考え方に、リスクリダクションというものがあった。感染症リスクなどを下げるにあたり、これをしなければ必ず感染が防げる、これをすれば感染するというイチゼロではなく、できるかぎり感染リスクを避ける行動をとることで、相対的にリスクを下げることだと筆者は理解している。こういった考え方は、コロナ禍拡大の時期にも、大いに役立った。人権や正義、フェミニズム的な自身の価値観の根底にも、正しい生き方をするべき、ではなく、より正しい生き方ができればいいという思いは常にあり、「差別に抵抗するためにはこうすべきというフェミニズム」ではないあり方を常に模索していた。だから、自分らしい生き方とフェミニズム的正義との間で揺れ動く際も、さまざまなレベルの、さまざまな側面の差別に抵抗する行動を、どの場面で、どの程度選択するか、そして自分のなかで納得できる行動がとれるかが、自分のフェミニズム的政治だと考えるに至った。筆者の「呪いの解き方」や自分の問い直し、自己変革は、女性たちによるフェミニズム的な文化、あるいはフェミニズムを意識せずとも女性たちが築いてきた文化を知るなかで生じた現在進行形の営みである。

注

(1) 荒木菜穂「モザイク模様のフェミニズム」、前掲『やわらかいフェミニズム』所収、二一一―二一二ページ

(2) サイモン・フリス『サウンドの力――若者・余暇・ロックの政治学』細川周平/竹田賢一訳、晶文社、一九九一年、二三ページ

(3) 同書二二八ページ

(4) 同書二四〇ページ

(5) 同書二六五—二六六ページ
(6) 同書二六七ページ
(7) 同書二六九ページ
(8) 北川純子「「日本のポピュラー音楽とジェンダー」への展望」、北川純子編『鳴り響く〈性〉——日本のポピュラー音楽とジェンダー』所収、勁草書房、一九九九年、九—一〇ページ
(9) 同論考九ページ
(10) 同論考一〇ページ
(11) 前掲『サウンドの力』二八三ページ
(12) パメラ・デ・バレス『伝説のグルーピー——THE INSIDE STORY』近藤麻里子訳、大栄出版、一九九四年、四六ページ
(13) 前掲『サウンドの力』二六八ページ
(14) 前掲『伝説のグルーピー』七〇、一四九ページ
(15) 同書一二五ページ
(16) 同書七一、一四五ページ
(17) 同書一一六ページ
(18) 同書一六三、一三八ページ
(19) 同書一二一ページ
(20) 同書二五八ページ

(21)同書二三二ページ
(22)同書一四五ページ
(23)同書一四一―一四二ページ
(24)同書九九ページ
(25)同書一〇九ページ
(26)同書一五四ページ
(27)同書三四八ページ
(28)荷宮和子『なぜフェミニズムは没落したのか』(中公新書ラクレ)、中央公論新社、二〇〇四年、二三七ページ
(29)麻鳥澄江「聞き書き 魔女よ翔べ!」、前掲『全共闘からリブへ 1968.1-1975.12』二七七ページ
(30)小綱愛子「魔女コンサート」「あごら mini」第七号、あごらミニ編集部、一九七七年、七ページ
(31)前掲「聞き書き 魔女よ翔べ!」二八〇ページ
(32)前掲「魔女コンサート」七ページ
(33)同記事七ページ
(34)筆者は最近になって水玉消防団の音源(LPレコード)を入手し、聴く機会をもった。社会運動に関係するグループなのでフォークやポップ調のロックなのではと勝手に思い込んでいたが、アバンギャルドないわゆるニューウエーブ調の音楽で大変かっこよく、自分のなかにある社会運動やフェミニズムの文化への偏見を反省した。

(35) 前掲『女のネットワーキング』一九一ページ
(36) 高橋栄子「私とROCK」「女一匹どこへいく」第一号、高橋栄子、一九七八年（前掲『資料 日本ウーマン・リブ史Ⅲ』所収、二四八ページ）
(37) 小川真知子「編集後記」、日本女性学研究会「Voice Of Women」第四十七号、日本女性学研究会、一九八四年
(38) 佐々井優子「それでもロックはやめられない」「女の言いたい放題誌 わいふ」第二百三十二号、グループわいふ、一九九一年、九五―一〇一ページ
(39)「ロックは男のもの？」「女から女たちへ」第八号、ウルフの会、一九七三年（溝口明代／佐伯洋子／三木草子編『資料 日本ウーマン・リブ史Ⅱ』所収、松香堂書店、一九九四年、三二三ページ）
(40) 舟本恵美「エロスの復権――バイ・セックスにみる解放された性」「炎」第三号、グループFIRE、一九七二年（同書所収、二九四―二九七ページ）
(41) 滝川マリ「個と群れ――心意気りぶ論」、インパクト出版会編「インパクション」第七十三号、インパクト出版会、一九九二年、八五ページ
(42) 同記事八五ページ
(43) 神川亜矢「政治的意志のスタイル――マドンナのイメージ戦略と写真集『SEX』」「女性学年報」第十四号、日本女性学研究会「女性学年報」編集委員会、一九九三年、一―一二ページ
(44) 同論考二ページ
(45) 同論考二―三ページ

(46) 同論考六ページ
(47) 同論考七ページ
(48) ロクサーヌ・ゲイ『バッド・フェミニスト』野中モモ訳、亜紀書房、二〇一七年、七ページ
(49) 例えば、水越真紀は、忌野清志郎の「雨あがりの夜空へ」(一九九八年)の歌詞がもつセクハラ性について、「鼻歌なんかで口ずさんだ時には「あらっ、清志郎ひどい」と思う」が、ライブで一体感をもって楽しんでいるときは感じたことはなかった、と述べている。水越真紀「強きもの、汝の名は弱さ——ジンライムのお月さまは「ひどい乗り方」を許していたんだ」、野田努/三田格編『ゼロ年代の音楽 ビッチフォーク編』所収、河出書房新社、二〇一一年、五四ページ
(50) 反橋希美「『毎日新聞』「現代女子論」を取材して」、吉光正絵/池田太臣/西原麻里編著『ポスト〈カワイイ〉の文化社会学——女子たちの「新たな楽しみ」を探る』(叢書・現代社会のフロンティア)所収、ミネルヴァ書房、二〇一七年、二〇〇ページ
(51) 前掲『女ぎらい』四三ページ
(52) 同書四七ページ
(53) 田中美津「便所からの解放」『いのちの女たちへ——とり乱しウーマン・リブ論 新装版』パンドラ、二〇〇一年、三三八ページ
(54) 田中亜以子「ウーマン・リブの「性解放」再考——ベッドの中の対等性獲得に向けて」、前掲「女性学年報」第二十八号、九七—一一七ページ
(55) 同記事一〇五ページ

（56）アン・スニトウ／パット・カリフィア『ポルノと検閲』藤井麻利／藤井雅実訳（「クリティーク叢書」第二十二巻）、青弓社、二〇〇二年
（57）青山薫『「セックスワーカー」とは誰か——移住・性労働・人身取引の構造と経験』大月書店、二〇〇七年、五二ページ
（58）Barbara Findlen ed., *Listen Up: Voices From the Next Feminist Generation*, Seal Press, 1995, p.XV.
（59）Donna Minkowitz, "Giving it up," in Rebecca Walker ed., *To Be Real: Telling the Truth and Changing the Face of Feminism*, ANCHOR BOOKS, 1995.
（60）Naomi Wolf, *Fire with Fire: The New Female Power and How It Will Change the 21st Century*, Random House, p.136.
（61）ナオミ・ウルフ『性体験』実川元子訳、文藝春秋、一九九八年、三六六—三六七ページ
（62）同書三六六ページ
（63）要友紀子「誰が問いを立てるのか——セックスワーク問題のリテラシー」、SWASH編『セックスワーク・スタディーズ——当事者視点で考える性と労働』所収、日本評論社、二〇一八年、三五ページ
（64）「おんな酒場放浪記」「BS-TBS」（http://www.bs-tbs.co.jp/onnasakaba/index.html）［二〇一八年四月十五日アクセス］
（65）新久千映『ワカコ酒』（ゼノンコミックス）、コアコミックス、二〇一一年—（既刊二十一巻）
（66）『Hanako 特別編集 関西女子酒場』（マガジンハウスムック）、マガジンハウス、二〇一三年

(67) 吉田類監修『酒場STORY――本格居酒屋は怖くない！大人女性のための完全ガイド』（〔光文社女性ブックス〕、光文社、二〇一七年）や「STORY」（光文社、二〇〇二年―）。

(68) 木許はるみ「スナック女子急増中――ネットにない「自分をさらけ出せる場所」「ママや良いおじさんは希望」」「BUSINESS INSIDER JAPAN」（https://www.businessinsider.jp/post-162677）［二〇一八年二月二十八日アクセス］

(69) 谷口功一「スナック研究事始」、谷口功一／スナック研究会編著『日本の夜の公共圏――スナック研究序説』所収、白水社、二〇一七年、一一ページ

(70) 河野有理「〈二次会の思想〉を求めて――「会」の時代における社交の模索」、同書所収、一六五ページ

(71) 他方で、近年は、仕事が終わってもまっすぐ家に帰れないなど、男性役割を果たしながら家庭内役割をも求められる男性がもつ悩みも問題化されている。「WEB特集〝フラリーマン〟あなたは夫を許せますか？」「NHK NEWS WEB」（https://www3.nhk.or.jp/news/web_tokushu/2017_1031.html）［二〇一八年四月十五日アクセス］（現在はリンク切れ）

(72) 外見に言及するセクハラについて牟田和恵は「「キレイ」というのは」「働く人間としての彼女の存在を軽視する表現になってしまっている」と述べる（牟田和恵『部長、その恋愛はセクハラです！』〔集英社新書〕、集英社、二〇一三年、一五五ページ）。

(73) 阿部健『どぶろくと女――日本女性飲酒考』酒文化研究所、二〇〇九年、四四六―四四七ページ

(74) 同書四七二ページ

(75) 同書四七六ページ
(76) 竹井恵美子「食にあらわれるジェンダー——変わりゆく構造とそのゆくえ」、竹井恵美子編『食とジェンダー』（食の文化フォーラム）所収、ドメス出版、二〇〇〇年、二一一ページ
(77) 前掲『どぶろくと女』四八四ページ
(78) 同書四八八ページ
(79) 同書五一〇ページ
(80) 馬場伸彦「カフェと女給」、甲南女子大学女子学研究会編「女子学研究」第二号、甲南女子大学女子学研究会、二〇一二年、一〇六ページ
(81) 井田太郎「カフェーからスナックへ」、前掲『日本の夜の公共圏』所収、一三九ページ
(82) 前掲『どぶろくと女』五一九ページ
(83) 前掲「カフェーからスナックへ」一四三ページ
(84) 前掲『どぶろくと女』五五〇—五五一ページ
(85) 前掲『「女縁」を生きた女たち』五八ページ
(86) 前掲『近代家族の成立と終焉』二八五ページ
(87) 荒木菜穂「現代日本のジェンダー・セクシュアリティをめぐる状況とこれからのフェミニズムについて考える——菊地夏野『日本のポストフェミニズム：女子力とネオリベラリズム』を読んで」「女性学年報」第四十号、日本女性学研究会「女性学年報」編集委員会、二〇一九年、五〇ページ
(88) 菊地夏野／河野真太郎／田中東子「分断と対峙し、連帯を模索する——日本のフェミニズムとネオ

リベラリズム」「現代思想」二〇二〇年三月臨時増刊号、青土社、一五ページ
(89) 河原和枝「「女子」の意味作用」、馬場伸彦/池田太臣編著『「女子」の時代!』(青弓社ライブラリー)所収、青弓社、二〇一二年、二七ページ
(90) 前掲「分断と対峙し、連帯を模索する」一五ページ
(91) 同記事一五ページ
(92) 同記事一五ページ

[付記] 本章第1節「フェミニストとしての自己を縛る「呪い」」は「女子学研究」第四号(甲南女子大学女子学研究会編、甲南女子大学女子学研究会、二〇一四年)所収の「女と欲望とロックと――『伝説のグルーピー』に見る女性の欲望の主体性」に、第4節「「酒場女子」をめぐるモヤモヤ」は「女子学研究」第八号(二〇一八年)所収の「可愛げのない「酒場女子」のいる風景――酒場の魅力とモヤモヤと」にそれぞれ加筆・修正した。

おわりに――他者と適度につながり続けるために

二〇二三年四月、ある飲食店が実施した子ども連れ客への離乳食の無料提供サービスをめぐり、子どもがいる女性といない女性の対立をあおるような話題が目に飛び込んできた。(1)子ども連れを優遇することで、ただでさえ女性が一人で静かに食事ができるチェーン店が少ないなかでその居場所を奪われるかのような不安と、「女カースト」に基づく「子なし」女性の劣等感、無料サービスだけを求める客が集まるのではという懸念、一方で子ども連れで安心して食事ができる場所が少ない状況で、お金がかかる子育てへのいたわりを表明し、子連れを歓迎する店に対する称賛と、さまざまな意見が飛び交っている。これらの意見がそれぞれ正しいとしたら、要は他人の子どもに優しくない日本社会の問題であり、経済的に外食も楽しめない層がいる格差社会の問題であり、そして、母親も独身女性もともに忌み嫌うミソジニーの風潮がまだまだ存在する性差別社会の問題である。

しかし筆者個人は、女性同士の分断をあおって楽しむメディアの問題がいちばん大きいだろうと感じる。これらの問題を、「非実在炎上」として問題視する向きもある。(2) もううんざりだが、しかし分断の呪いは解いていくことが可能なものである。

そもそも、分断の呪いがジェンダーの仕組みに基づくものであるならば、それは、多くの場合、分断されている当事者ではないほかの誰かがかけた呪いである。呪いなどかけずとも、女性というだけではつながりあえないことぐらい、多くの女性はとっくに気づいている。そのうえで、つながれるかもしれないと一縷の望みをかけた者たちもいただろうが、ときとしてそれは自分とは違う女性に対する抑圧にもなった。そういった困難を経た調整の営みこそ、分断の呪いを解く最も重要なカギになりうるし、なってほしいと願う。前述の飲食チェーンをめぐる問題と差別構造のもとでのインターセクショナリティの問題は同列に扱えないものではあるが、問題への向き合い方には地続きの部分がある。

あらためて、なぜ、フェミニズムの活動での他者との調整に着目したのか。繰り返し述べてきたように、自身の経験のなかで得たさまざまな気づきやしんどさがその大きな理由ではあるが、もう一つ、以前から(そしてとりわけ昨今)、フェミニズムでも対立や分断が単純化されて取り沙汰されることの悩ましさからである。ときには女性の同一性をめぐっての論争も起こる。本書は、こうした状況に対する筆者なりの応答でもあり、現在まで連綿と続くフェミニズムのこれまでの営みへの敬意でもある。もちろん、批判的な視点をもたざるをえないケースもしばしばあるが、そういった試行錯誤自体には最大限の敬意を示したいと思う。

女性としても、そしてそれ以外でも、自分を縛ってきた呪いと向き合うにあたって、生きられたフェミニズムからさまざまなものを学んだ。女性同士の分断の呪いは、女性同士ならわかりあえるという呪いと裏表ではあるが、前者はジェンダーの呪い、すなわち差別や抑圧を生み出す有害で強固な権力構造によるものであるために、それを解くことには大きな意義がある。とはいえ、後者の呪いもまた、差別されてきた女性の経験を連帯の根拠にしてきたフェミニズムが陥るジレンマであり、やはりなくすべきものである。思想や理念でも、現場の活動でも、フェミニズムは多様である。ときとして、女性の権利や安全を守ることを大事にするあまり、差別につながる言動が生じるような問題がある側面も有している。それらについては、筆者は断固批判していきたい。ロクサーヌ・ゲイは、フェミニズムを、「完璧ではないけれど、うまくいった場合、この変化しつづける文化情勢のなかを進んでゆくための方法を提示してくれ」るものとして位置づける。そのうえで、「フェミニズムの不完全性と、フェミニズムに可能なあらゆる善いこととの折り合いを、どうやってつければ」いいかについて、そもそもフェミニズムが「私たちの求めるものすべてを包括し、常に最良の選択をするものであるべきだなどという非現実的な基準を適用」され、「フェミニズムがその期待に沿わなかったとき、問題がその運動の名のもとに行動する完璧でない人々にあるのではなく、フェミニズムにあると決めつけ」る態度にこそ問題があると述べる。(3) この認識は、フェミニズムの活動が常に自分の悩みに寄り添ってくれると感じて意見が合わないことを抑圧とだけ捉える人物との調整が多くの活動で悩みになっていたことにも通じる。実際に活動の現場でしばしば目指されていたことは、ほかのメンバーにもそれぞれ事情があることを前提に、どのように妥協や第三の方法の模索をしていくか、自分の視点に偏りはないかを問い直し、柔軟に軌道修正や調整を重ねたうえで活動を継続していくことだった。

フェミニズムには、「個人的なことは政治的なこと」という標語がある。それは、個人が経験した被害や不快を自己責任や不運とみなし、それによって加害の要素がデフォルトとされることを批判し、社会の構造の問題や加害者、抑圧者の責任こそを政治的に問うべきであると考える道筋を意味する。フェミニズムは、女性同士の分断や抑圧を「仕方ないこと」とせず、その背景には構造があることを明らかにして、個人的なことを個人的なままで終わらせない、という態度を貫いてきた。しかしながら、フェミニズムは同時に、女性であるがゆえの差別の経験を問いながら、多様な女性がともに声を上げ、活動することの困難をも経験してきた。そのため、本書でもいくつかの側面から着目したフェミニズムの現場では、多様な女性が互いの差異を認めながら調整し、自己を問い直しながら、試行錯誤で活動が続けられてきた。こうした調整の営みからみえてくることは、「個人的なことは政治的なこと」という標語は、私の問題は社会の問題だ、と主張するだけでなく、私の問題は誰かの問題とつながっていて、その仕組みのなかに自分も位置づけられる、場合によっては自分自身も抑圧する側になっているかもしれない、と自覚することの重要性ではないかと思う。正解はないが、教条主義的ではなく、多様な個人と社会との関係を問い直しつづけるフェミニズムのあり方は今後も引き続き求められるだろう。

フェミニズムは、よりよく生きるために貢献するものだったが、しかしながら筆者にとっては、どちらかというと、いいかげんに生きるための一連の言葉でもあった。「こうあるべき」「こうなっても仕方がない」という社会に沿って生きるのではなく、私は、いいかげんに、ゆるやかに生きる自分に自分らしさを感じている。同時に、ゆるやかに生きながら、ほかの誰かを貶めないための社会的責任が自分にはある。日常とは、異なる誰かとつながることであり、自分も誰かもよりよく過ごすためには、政治的労働や政治的ケアが必要になる。社会構造のなかにいる自覚をもちながらゆるやかに生きることは、どうすれば柔軟にかつ政治的に過ごすことが可能なのかを示すヒントであり、筆者はそれをフェミニズムからもらった。そんな思いから、筆者にとっての、女性の分断の呪いを解くいくつかのカギを最後に提示したい。

まず、フェミニズムから得た一つ目のカギとは、「仕方ない」という現状追認からの自由である。権力関係が存在することは仕方ないことではないし、レッテルを貼られることも、仕方なくない。差別や権威を批判するフェミニズムの活動に起こりうることとして、その内部に抑圧／被抑圧の関係性が見いだされることがあり、それ自体は問うべきことである。しかし、悪くすると立場が異なる者同士でどちらが抑圧されている側なのかという被害者合戦が起きることもある。それは、社会正義やジェンダー平等を志向する活動だから仕方ないことと思われがちだが、そうなった場合でも、喧嘩両成敗的な解決ではなく、各人が自分の問題として向き合うことは可能である。そして具体的な対応方法や同意形成があるからといって、いつもうまくいくとはかぎらない（むしろそれによって疲弊するだけのことのほうが多い)。例えば、日本女性学研究会で共有されていた「代弁の禁止」も諸刃の剣でもある。主体的に自身の意思表明をできる立場同士ならともかく、被抑圧的な立場にいて意思表明が困難な個人に対して、寄り添う誰かがかわりに訴える道筋をも封じ込める危険性がある。しかし、そこでの「代弁の禁止」とは、あくまでも自身の主張のために他者を利用することで、他者の事情やアイデンティティを固定化し、レッテルを貼る暴力がはたらくことが直接民主主義に反するという意味合いだった。いわば、ケアなき「代弁」を禁止する意図があったのではないかと思う。そういった姿勢からの「代弁」は、たとえ自分に悪意はなかったつもりだとしても、実際は抑圧になりうる。フェミニズムでおそらく繰り返し生じてきた現象ではあっただろうが、だからこそフェミニズムには、なんとかする調整の方法があることを示してきたのではないかと思う。そして第2章でもふれたように、「一つの軸で差別の対象となりうるという社会的地位は、他の軸で差別を受けないという地位によって相殺されたり消去されたりはしない(4)」こともまた意識する必要がある。

フェミニズムから学んだ「仕方なくない」は、ある事柄がフェミニズム的に正しいか正しくないかのはざまで揺れ動く悩ましさとの向き合い方にも結果的に役立った。自分らしい生き方や好きなものを忌避すべきというフェミニズムによる「呪い」もまた、日常に根差した、実践的にそれらの事象と関わる営みのなかで、諦めずともそこにフェミニズム的意義を見いだしたり、ある側面について批判しながらそれらの事象と良好な関係をもったりするなかで解けていったところもある。そここには、第3章でもふれたリスクリダクションの考え方の影響も大いにある。リスクをゼロにすることが不可能な以上、どのようにそれを低減させるかを目指すことは、有害なものは一気になくすべきという考え方よりも現実的で、ときとして本来の目的の実現により大きな意味をもつ。イチゼロの議論は思考の枠組みを作る際には意味をもつが、多くの場合は実践的ではない。

差別や抑圧の仕組みでも、こういった考え方は意味をもつ。呪いを解くための二つ目のカギは、敵か味方かでも教条主義でもなく、人にも物事にも向き合うことである。抑圧者側がそれを保身に使ってはいけないが、差別の解消も状況の改善も一朝一夕には不可能であることを理解したうえで、政治的労働と政治的ケアがおこなわれなければならないし、実際にそうした実践は数多くおこなわれてきた。

最後に、そのうえで、フェミニズムに期待しない、女同士の関係にも幻想を抱かない、ということを、呪いの言葉を解く際の三つ目のカギとして位置づけたい。いうまでもなく、自分と他者は異なる。他者との調整の過程の主語は自分である。その際、自分自身がもつ特権性を反省しながら、同時に自身が抑圧されているのであればそれを等閑視せず、他者を尊重して関係性を築いていくことが求められる。他者との関係には必ずしも自分に納得がいくことや受け入れられることばかりではないかもしれない。ブレイディみかこは、他者と関係をもつ際、「自分とは違うもの、自分は受け入れられない性質のものでも、他者として存在を認め、その人のことを想像してみる」というエンパシーの重要性を述べているが、その際、「自分は自分。他者とは決して混ざらない」「そのうえで他者が何を考えているかを想像・理解しよう[5]」とする姿勢の重要性を示している。

主体的に自身の価値を把握しづらいという女性ジェンダーの問題については、「「自分の領域」と「他人の領域」の区別がうまくつかな」く、つまり「「人は人、自分は自分」という見方ができなく[6]」なることへの懸念も示されていた。「自分の領域」と「他人の領域」という表現は、言い換えれば、自らを自立した個人という認識がもてないまま、同じ女性である他者との境界ももてずに歪んだ関係性を形成してしまいがち、ということだろう。

多様性の尊重、他者との関係の調整、これらは可能なことだ、というのはキレイゴトでしかないかもしれない。そのためには、自他の区別をしたうえで、仲間である隣の女性との違いを認め、自分の価値観や方向性を押し付けることなく、複眼的な視点でそのつど新たに問題と向き合う必要がある。

同時に、異なる他者とのつながりは、全人格的なものでなくても部分的なものでもいいのではないかと考える。それは、他者を忌避することとは異なる。この部分は相いれない、嫌い、でもこの部分には賛同する、好きだ、というつながりのほうが、「敵か味方か」よりも現実的で、他者も自身も尊重できる関係になるのではないかと思う。他者やフェミニズムが自分を救ってくれることはないかもしれないし、他者との関係やフェミニズムは自分の居場所にはならない可能性もある。その居場所を作るのはあくまで自分だという自覚が必要である。自分の安息の地が誰かの安息の地にならないことだってある。自分が誰と、または何と関わり、どうありたいかは、自己の問い直し、他者との調整による。本当にしんどくて主体的な調整が難しい場合には専門的な支援を求めるべきであり、その仲介や手伝いをすることはあっても、自身の日常を生きる他者に救いや支援を求めてはいけない。それが、それぞれを尊重するという意味での自他の区別の意味である。つなぐこと、手助けすることがどこまでできるかは調整の一端であり、そこにも自他の区別やリスクリダクションの考え方は重要になる。そしてそれらの実際の方法論が、さまざまなフェミニズムの活動のなかで試行錯誤しながら探られてきたのである。そして、活動も、またさまざまな関係性も、永久に持続させる必要はない。自己も他者をも尊重する関係性とは、それを捨てる選択も込みのものである。ましてや、活動や関係性を持続させることが主たる目的になるのは本末転倒である。

そのうえで、今後も意識すべきことは、個人的なことは政治的であり、自分の問題と他者の問題はつながっているという自覚と、自己と他者の境界を自覚することの調整である。それは、ケアとは他者への想像力をもって成り立つということと、自己もまたケアすべき／されるべきという認識ともつながる。また、多様な個人のポジショナリティや事情を考慮して活動をするとしても、さらにはリスクリダクションの考え方のもと、絶対的な正義やケアの行動が存在しないとしても、そこには譲れない何かは必ず必要である。それがなければ、調整の実践もリスクリダクションも、気がつけば既存のさまざまな力関係によって優先順位がつけられてしまいかねない。「譲れない何か」について、差別につながることであってはいけないという抽象的なイメージしか現時点で筆者はもっていないが、今後はその「譲れない何か」の解像度をより上げていかなくてはならないと考えている。筆者は、女性同士の分断の呪いを解く言葉と考える道筋をフェミニズムから知った。また、以前、「シスターフッドって何かというと、同じように社会を見る仲間なのかなと思う」(7)と述べた。社会をみた先にあるのはフェミニズムの実践であり、それはある種の労働であり、ケアであり、ケア労働だった。労働であるという意味でも、それらはしんどさや骨折りを伴う。呪いを解くことは、自身の問い直し、他者との調整という、ときとして痛みを伴うものでもある。交差するさまざまな抑圧／被抑圧の関係性と向き合うことは、自身の抑圧性や誰かとの相いれなさも含めて、こうした痛みと向き合うことでもある。そしてそれは、自己の尊重にも他者の尊重にもつながる。こうして得た「呪いを解くカギ」は、誰かとの出会いがなければ得られなかったともしびでもある。その出会いは、痛みとともに、心地よさと心強さを感じるものでもあった。そこには希望も絶望もあるかもしれないが、さまざまなジレンマを受け入れ、批判と向き合い、「揺れ動きながら変化する自分」が主語であることを忘れず、他者との尊重しあえる関係を実践的に築いていきたい。

＊

末尾で恐縮ですが、謝辞を述べます。

本書の執筆にあたって多くのご助言いただきました伊田久美子先生と北明美先生、また、本書につながる神戸大学大学院博士後期課程在学中の研究をご指導いただきました宗像惠先生、フェミニズムに関心をもつ大きなきっかけをいただいた竹中恵美子先生、ともに活動するなかでさまざまな示唆をいただいた日本女性学研究会のみなさま、さらに、多様化社会を考える会、怒りたい女子会、フォーラム労働・社会政策・ジェンダーのみなさまに心からの感謝を申し上げます。
また、原稿執筆から制作、出版まで大変お世話になりました青弓社の矢野恵二氏ほかのみなさまにも感謝の意を述べます。

注

(1)「「スープストックトーキョー」離乳食無料提供で賛否〝少子化対策論争〟も【Nスタ】」「TBS NEWS DIG」(https://newsdig.tbs.co.jp/articles/-/448714?display=1)［二〇二三年四月二十三日アクセス］
(2) 鈴木朋子「ネットで起こる「非実在型炎上」って?」「+Digital」(https://news.mynavi.jp/article/womansns-96/)［二〇二三年五月三十日アクセス］
(3) 前掲『バッド・フェミニスト』八ページ
(4) 前掲「インターセクショナリティと差別論」八二ページ
(5) ブレイディみかこ『他者の靴を履く――アナーキック・エンパシーのすすめ』文藝春秋、二〇二一年、三一、一三一ページ

（6）前掲『女子の人間関係』二〇ページ
（7）「やわらかいフェミニズムの体験　執筆者座談会」、前掲『やわらかいフェミニズム』所収、二二一ページ

［著者略歴］
荒木菜穂（あらき なほ）
1977年、三重県生まれ
関西大学ほか非常勤講師、大阪公立大学客員研究員
日本女性学研究会、日本女性学会、ウィメンズアクションネットワークなどで活動
共著に『やわらかいフェミニズム――シスターフッドは今』（三一書房）、『巨大ロボットの社会学――戦後日本が生んだ想像力のゆくえ』（法律文化社）、『ポスト〈カワイイ〉の文化社会学――女子たちの「新たな楽しみ」を探る』（ミネルヴァ書房）、論文に「現代日本のジェンダー・セクシュアリティをめぐる状況とこれからのフェミニズムについて考える――菊地夏野『日本のポストフェミニズム：女子力とネオリベラリズム』を読んで」（「女性学年報」第40号）など

分断《ぶんだん》されないフェミニズム
ほどほどに、誰かとつながり、生き延びる

発行――2023年12月18日　第1刷
定価――2400円＋税
著者――荒木菜穂
発行者――矢野未知生
発行所――株式会社青弓社
〒162-0801 東京都新宿区山吹町337
電話 03-3268-0381（代）
http://www.seikyusha.co.jp
印刷所――三松堂
製本所――三松堂

ISBN978-4-7872-3529-9　C0036